Voici, commencée alors que s'écroule le Second Empire, l'histoire de Jantet le Catalan, enfant pauvre descendu des durs pâturages du Capcir que ravagent le choléra et la misère. D'abord apprenti forgeron dans un bourg de la vallée, mais cette vie n'est pas vraiment la sienne, il deviendra vigneron et exploitera un petit domaine en Salanque, dans la plaine. Voici l'histoire d'un homme fier, d'un homme libre, un paysan. Une histoire traversée par l'Histoire, peuplée de personnages inoubliables, et qui s'achève en 1907 avec les émeutes viticoles violemment réprimées par Clemenceau.

Mais *Le Vin pur* c'est aussi, sur les pas de Jantet, au fur et à mesure de ses prises de conscience successives et de sa découverte de la vie, de l'amour, de la terre, la reconstitution chaleureuse et précise d'un monde où le nôtre recherche encore ses racines. Un monde où le travail pouvait signifier l'indépendance de celui qui s'y adonnait. Où chaque geste s'inscrivait dans une tradition ancestrale. Où chaque mot pesait de sa charge de vie, de sa nécessité.

C'est enfin l'occasion de redécouvrir un très grand écrivain qu'admiraient Blaise Cendrars et Roger Martin du Gard. Un implacable conteur qui savait déployer son art de la chronique quotidienne et minutieuse à l'épopée, au tragique.

LUDOVIC MASSÉ

Le Vin pur

P. O. L

PRÉFACE

Pour Claude et Kathy Massé

Dans la bibliothèque de mes parents – qui était aussi celle de l'école publique dans laquelle ils enseignaient – j'ai trouvé, au cours des années 40, les livres de Ludovic Massé, voisinant avec ceux d'Emile Zola, de Jules Vallès, d'Erckmann-Chatrian, de Jack London. Mon père et ma mère avaient fréquenté dans leur jeunesse Ludovic Massé qui était, comme eux, instituteur. Ma mère et ma tante avaient dansé avec lui dans les bals de village du Capcir. On peut aujourd'hui considérer Ludovic Massé comme l'écrivain national catalan, côté langue française. Pourtant je ne sais pas si beaucoup de rues, beaucoup de places de nos villages roussillonnais portent le nom de Ludovic Massé. Non, je ne crois pas. Mais ça viendra. De même qu'on parlera bientôt de lui dans les manuels de littérature française. Il m'embêterait alors qu'on classât Ludovic Massé parmi les écrivains « régionalistes ». Car je n'ai jamais compris ce que signifiait cette expression. Les livres ou les gens que j'aime, de toutes tendances, de tous horizons, ne l'emploient jamais. Il n'y a de langue que nationale, je veux dire autarcique,

5

souveraine. *Certains disent que quand une langue n'est pas nationale elle est mineure, minoritaire, elle est décentrée (décentralisée avant l'heure). Proust, au départ, parlait une langue minoritaire qui, à la longue, est devenue nationale. Je cite Proust au hasard, avec lequel Ludovic Massé n'a rien, mais rien à voir. Ludovic Massé aurait plutôt, à mes yeux, quelque chose à voir avec des gens comme Erskine Caldwell, Ramuz, ou Knut Hamsun. Des phrases courtes, claires mais dont l'ensemble, parfois s'obscurcit délibérément pour donner au livre la dimension, l'épaisseur de l'épique. Il est certain que, Catalan d'une part, instituteur d'autre part, Ludovic Massé a dû parfois se sentir étranger dans sa propre langue. A nous – par notre lecture – de le rétablir dans sa souveraineté d'écrivain à part entière, c'est-à-dire hors de toute définition. Le terroir, ça oui, la terre natale, tout part de là, tout y retourne, quelle que soit leur consistance. Un territoire aux dimensions de l'univers et qu'il faut, au moins, toute une vie pour découvrir, pour parcourir. Tout écrivain, confronté avec la terre qui l'a vu naître, est, une fois de plus, guerre civile à lui seul. Si nous n'étions pas très nombreux à ses obsèques, pendant l'été 82, dans le cimetière de Céret, c'est que les Catalans ne veulent peut-être pas encore se reconnaître en Ludovic Massé, c'est que la littérature française ne veut pas encore reconnaître Ludovic Massé comme un des siens. Mais ça viendra. On pourrait même dire qu'avec cette réédition du* Vin pur *– faisant suite à celle du* Mas des Oubells *qu'on doit à Xavier d'Arthuis* [1] *– ça commence, ça recommence. Car Ludovic Massé ne fut pas toujours un exclu, un oublié. Quittant mon pays au début des années 50, je*

---

1. Editions du Chiendent à Marcevol, Pyr. Or.

m'étais moi-même éloigné des livres de Ludovic Massé au profit de fictions plus étranges, plus cosmopolites, qui aidaient mon propre déplacement vers le Nord, vers les pays à lumière grise, à la recherche bégayante de certitudes extra-parentales, loin du Sud.

Donc, les livres de Ludovic Massé reposaient jusqu'ici dans l'ombre, au sein des bibliothèques familiales, bibliothèques immobiles mais insomniaques, ces livres qu'avaient autrefois célébrés – à l'époque de leur parution chez Grasset dès 1933, chez Larousse, chez Fasquelle, chez Flammarion – des gens qui s'appelaient Henri Poulaille, Edouard Peisson, Roger Martin du Gard, Charles Vildrac, Henri Pourrat, Blaise Cendrars, Raoul Dufy, Jean Dubuffet. Un homme libre, ce Ludovic Massé, un réfractaire, une sorte d'anar, à l'image de l'oncle Antonn du Vin pur, chantre de toutes les Communes. Mais aussi un simple, un naïf, comme Léon Tolstoï dont il n'a jamais cessé de se réclamer. Sacré caractère, sacré bonhomme qui a toujours refusé d'accompagner physiquement le cheminement de ses livres jusqu'à Paris. En conséquence, aucune complicité avec les pouvoirs en place, aucun appui d'envergure dont on aurait pu attendre le bénéfice pour son œuvre, aucune postérité. Quelques fervents, quelques fidèles, toujours[1]. Et, par l'entremise de son fils, nos propres retrouvailles, au moment de mon retour volontaire au pays. Ludovic Massé ou la reconnaissance du père. Voici donc Le Vin pur. Comme tous les livres qui comptent, un parcours d'espace. On traverse une montagne, des collines, une plaine. La mer, elle est là, proche. Mais on ne parle jamais de la mer dans les romans de Ludovic Massé. Car la mer ne peut pas être circonscrite, possédée. La

1. Voir leurs noms dans le n° 115 de la revue *Conflent* (Prades, Pyr.-Or.).

mer est au-delà de l'humain. Les Catalans, on s'en doutait, ne sont pas des Bretons; ce sont des gens qui vivent à l'intérieur des terres, le dos tourné à la mer, les pieds enfoncés dans la profondeur d'un sillon. On décide de quitter la montagne pour la plaine où il faut, à tout prix, bâtir sa demeure. A l'époque où « Paris » se pâmait dans les bras du boulangisme », Jantet Paric abandonne les durs pâturages du Capcir que ravagent le choléra et la misère, fait un arrêt dans une vallée transitoire où, forgeron, il connaît l'amour profane dans les bras de la femme de son employeur (l'autre, l'autre amour, ne pouvant être que l'amour conjugal) et s'établit dans un domaine de la plaine maritime, en Salanque, où règnent le carignan, l'aramon, le grenache et la blanquette. Pour finir, on prend femme, on exploite le domaine (ne pas confondre exploitant – le petit exploitant indépendant – et exploiteur), on fonde une lignée. L'ordre, n'est-ce pas? L'ordre, en quelque sorte. Mais un ordre que nul n'impose du dehors, un ordre antitotalitaire au sein duquel les vertus traditionnellement démocratiques s'amalgament aux vertus libertaires, un ordre au sein duquel le souvenir du désordre originel est vivant, celui de la hutte tribale primitive et de ses mœurs sauvages, cruelles au besoin. Car si le paysan, le viticulteur sont des hommes libres, donc des hommes paisibles, ils peuvent sortir de leur réserve, des frontières naturelles du champ, de la vigne, du territoire villageois pour défendre leur conception de la liberté, de l'autonomie personnelle face aux marchands, aux intermédiaires, aux politiciens, face aux volontés distantes, autoritaires de la Loi. Et c'est, dans la dernière partie du livre, l'année 1907, et la marche sur Narbonne. La rue roule rouge, fleuve limoneux, sanglant. Des flots de vin, pissant par cinquante tonneaux défoncés et troués, clapotent dans la poussière, éclaboussent les murs, écument sur les seuils, grondent dans les caniveaux. Le Midi bouge. Des centaines de villages et de bourgs au sang chaud se fédèrent. Clemenceau, qui n'y comprend pas grand-chose, bougonne puis envoie la troupe. Ludovic Massé, sans abandonner cette prose pure, documentaire qui, jusque-là, n'avait cessé de détailler, en montagne, en plaine, les gestes de l'homme au travail dans leur banalité locale – mais un travail dont l'objet n'est rien d'autre, après élimination de la misère, que de permettre l'émergence de l'identité, de l'indépendance de celui qui le déploie – aborde soudain le tragique, l'épopée, avec une sorte de poésie unanimiste dont le moindre des mérites n'est pas la vitesse rythmique. S'il est vrai que ce qui crée l'humanité, c'est le récit, la narration et que, privés de ces derniers, nous marcherions de manière somnambulique vers les totalités informes qu'on tente, périodiquement, de nous imposer, Ludovic Massé est l'un de ceux qui revivifient, réactualisent notre mémoire en racontant comment s'est faite notre histoire, comment se font les petites histoires de ceux qui composent la « grande communauté laborieuse ». Pessimiste, moraliste, écrivant par nécessité et n'ayant donc pas besoin d'abuser du simulacre pour écrire, Ludovic Massé est un conteur implacable devant lequel s'effacent les théories, les partis pris, les classements de l'histoire littéraire. Ecrivain populiste? Ecrivain prolétarien? Grande littérature populaire? Je ne sais pas. Un écrivain, ni plus ni moins, un vrai, c'est-à-dire tout seul. Relisant Ludovic Massé, je retrouve cette même joie, cette même délectation qu'à relire – par exemple – Georges Simenon : ni trop ni trop peu, le mot juste, technique, la description la plus concise, un personnage est d'abord la silhouette précise que celui-ci donne à voir en traversant les rues d'une ville ou un champ. *Relisant* Terre du liège *ou la série des Grégoire, je retrouve, au sein de l'univers littéraire, une région autonome qui trace à elle-même ses frontières, qui abolit l'espace du dehors. Où sommes-nous? Aspres, Vallespir, Cerdagne, Capcir, Conflent, Garrotxes, Fenouillèdes, Corbières, Salanque: cosmogonie, territoire exclusif de l'écrivain, de sa langue, de son récit. Nous ne sommes nulle part, sinon dans le territoire exclusif de notre lecture. Je suis de ceux qui pensent que la fiction est l'image conforme de la réalité* [1] *et que la réalité, surtout celle des plus humbles, ne peut être saisie que par le moyen de la fiction. C'est pourquoi je vous invite à lire ou à relire Ludovic Massé. La vie, la vraie vie qui se déplace et, cheminant, se modifie, se transforme, s'embellit.* Western, *en quelque sorte.*

CLAUDE DELMAS

1. Hubert Selby Jr.

*Pour Madame et Monsieur Albert Dauré,
dont le nom éclaire et illustre un des plus
glorieux chapitres de la tradition du vin, en
affectueux hommage.*

L.M.

PREMIÈRE PARTIE

I

Un peu avant l'année 1870, les Paric étaient venus échouer à Jau-de-Capcir. C'est le village le plus isolé du plateau, à quinze cents mètres d'altitude. A cette époque, il ressemblait assez à un gros chien écrasé dans l'herbage. L'unique rue allait s'amincissant comme un train de derrière, puis comme une queue, au fin bout de laquelle se montrait, dans un remous d'herbe folle, la masure des Paric.

Elle appartenait à un riche du village, M. Samso. De loin en loin, il venait toucher les quatre sous du loyer et il semblait chaque fois surpris de ne pas trouver les Paric ensevelis sous les décombres. Il les avait installés là à leurs risques et périls. Lorsque soufflait le Carcanet, un des vents les plus farouches du monde, le toit lâchait ses ardoises, comme un arbre qui se défeuille, les murs se lézardaient, un immense désespoir saisissait la maison tout entière. Mais le père Paric réparait minutieusement les dégâts après chaque tempête.

Jantet et Julie Paric s'intéressaient d'ordinaire vivement aux raccommodages du père. Dans cette maison qu'ils entendaient si souvent maudire, ils n'éprouvaient guère que des joies. Elle ne comprenait qu'une pièce au sol d'argile battue; en été, c'était lisse et craquelé par endroits comme une porcelaine : en hiver, cela s'enfonçait du côté de l'évier. Il n'y avait pas de plafond; on découvrait tout le paysage de la charpente. Le toit gémissait comme un chien malade.

« Jacquettes! dépêche-toi! », criait la mère Paric, certains jours où le Carcanet hurlait.

Le père arrivait en courant. C'était un trou dans la toiture. Le vent s'y engouffrait comme l'eau dans un œillard. D'autres fois, il y filtrait une pluie légère comme une ballerine. Les enfants en avaient le cœur réjoui. Ils entendaient le père grimper sur le toit et maugréer à chaque glissade. Quand le trou était bouché, ils soupiraient comme si on venait de leur arracher un jouet.

Jacquettes Paric était bûcheron, mais il répondait fort mal à l'image qu'on se fait d'un homme des bois. Tout petit, velu, un peu contrefait, il semblait sans force. Il faisait partie de l'équipe de Miquel Vilanova, un entrepreneur connu pour ses exigences et sa dureté. Il travaillait dans les sapinières; c'étaient des continents noirs qu'on découvrait, par temps clair, au fond des herbages. Jantet regardait souvent du côté de ces sombres rivages d'où son père revenait, exténué, chargé d'odeurs fauves, comme d'une bataille. La peur le ramenait auprès de sa mère. C'était une femme forte, aux yeux tristes, et qui parlait peu. Elle avait connu une rude vie. Orpheline à douze ans, elle s'était louée jusqu'à son mariage; la mort lui avait enlevé ses deux premiers enfants. Leur souvenir ne cessait de lui grignoter le cœur. Mais elle vivait avec courage, ne s'arrêtant pas de laver, de cuisiner, de ranger, d'attiser le feu.

Le feu était, avec l'herbe, un des dieux de Jantet. La mère l'entretenait sans arrêt. Lorsque Jantet se couchait, il l'entendait flamber à plein délire; à son réveil, il le retrouvait aussi haut et aussi vaillant; c'était comme un soleil qui ne se couchait jamais. Au-dehors, l'herbe du haut-plateau, pleine de soleil, de ciel, d'haleines, changeait de robe et d'humeur plusieurs fois par jour. Elle accourait de tous les côtés à la fois, comme une mer hérissée par les vents, cernait le village, entrait dans les rues, franchissait les cloaques, déferlait contre les murs, et hissait parfois ses touffes noires sur le rebord des fenêtres et des toits.

Jantet Paric ne commença à avoir conscience de l'extrême pauvreté de ses parents que vers sa douzième année. On le retira de l'école, malgré les supplications de l'instituteur qui lui trouvait bonne tête. Il eut à s'occuper du jardin, du cochon et de la basse-cour. Il apprit à maudire la maison quand elle se comportait mal sous l'orage. Le feu et l'herbe perdirent subitement de leur poésie. Enfin, se dévouant davantage et rêvant moins, il s'appliquait à devenir ce qu'on nomme un garçon sérieux.

Jantet aimait tout ce qu'on lui confiait. Il n'était pas loin de considérer le cochon comme un frère. Père le choisissait blond pour des raisons superstitieuses. Il semblait à Jantet que c'était toujours le même. Il aimait gratter et brosser sa belle raie d'homme blond, un peu enclin à la calvitie. Le jour de la tuée, qui est pour tant d'enfants un jour de fête, était pour lui un jour de deuil. Il se sauvait dans les profondeurs de l'herbage pour ne pas entendre ses cris et ne retrouvait du goût à l'existence qu'après quelques jours.

Il n'y avait pas souvent des surprises agréables

dans la vie de Jantet. Il se souvenait pourtant avec plaisir de deux ou trois séjours à *La Planouze*, la propriété de tante Irma. La venue de l'oncle Antonn marquait aussi chaque année d'une mystérieuse espérance.

L'oncle Antonn, le frère de Jacques et d'Irma, était le plus jeune des Paric, mais à cause de sa barbe et de ses sourcils broussailleux, on n'aurait su lui donner un âge précis. Il passait pour un exalté. Il avait quitté *La Planouze* de bonne heure, à la suite de désaccords avec sa sœur, et depuis, menait une vie assez étrange. Après avoir servi dans des fermes, des entreprises, et même, affirmait-on, dans un cirque, il s'était fait chanteur de rues. Sa voix discrète et grave surprenait chez un homme aussi robuste. Il improvisait des chansons en s'accompagnant de la guitare. Il fallait bien tendre l'oreille pour comprendre.

Lorsqu'il venait à Jau-de-Capcir, l'oncle Antonn s'installait pour la semaine. On l'entourait de prévenances. Pourtant, dès le lendemain de son arrivée, il parlait de repartir. Il ne tenait pas en place. Jantet, qui le considérait comme un parent riche, était très surpris d'entendre son père le plaindre. Les deux frères se heurtaient quelquefois, presque toujours au sujet de *La Planouze* et de tante Irma. Au cours de ces discussions, l'oncle ne cessait de s'exalter et le père de sourire. Ils étaient très différents, et pourtant, si on lui eût offert le choix, Jantet n'eût pas su auquel se rallier. Il aimait son père pour sa douceur et l'oncle pour sa violence.

Peut-être qu'après tout, ils parlaient la même langue.

Lorsque son humeur était dissipée, l'oncle

Antonn attirait à lui Jantet et Julie, et il leur
chantait son refrain favori :

Il a beaucoup de mâchoire,
Un peu de cervelle,
Et du cœur,
Du tout!

« Qui est-ce? » demandait-il.
Les enfants criaient ensemble :
« Monsieur Samso! »
Toute la famille éclatait de rire. Et l'oncle faisait
répéter le refrain en chœur.
C'était avec des trouvailles comme celle-là qu'il se
faisait aimer des uns et détester des autres.

II

AU cours de l'automne 84, le choléra fit son apparition dans le pays. Il feignit d'épargner quelque temps Jau-de-Capcir, tourna autour, puis il lui tomba dessus comme la foudre. Ce fut le curé qui trinqua le premier; c'était un brave homme et sa mort fut considérée comme un terrible présage. Le menuisier vint prendre les mesures, mais il n'eut pas la force de déplier son mètre et mourut la nuit même. Personne n'osa s'approcher du cadavre du curé. Le maire du village suait d'angoisse; les gens tombaient autour de lui comme des mouches; il ne trouva bientôt plus de porteurs; tous ceux qui s'attelaient au port d'un cercueil s'alitaient au retour du cimetière, et souvent leur mort venait d'une peur exagérée. Il signa des réquisitions, fit enlever les cadavres au pas de charge et les fit jeter dans un grand trou chaulé que les pluies faisaient bouillir comme un enfer. Le jour où il menaçait à son tour de perdre la tête, une éclaircie survint. La mort s'espaça comme une fin d'averse. Enfin, sa moisson faite, le choléra s'en alla; jusque-là, le ciel était resté bourbeux et bas. Il partit un jour de soleil.

Jantet Paric se souvenait de la limpidité de cette journée, du violent parfum de l'herbe, de la musique passionnée du vent. C'était comme quand un orchestre passe d'un air funèbre à un air triomphant et qu'on se sent tout d'un coup, emporté, libéré.

Hélas! quelques jours après, sa mère fut prise d'un malaise et dut s'aliter. Elle avait aidé au nettoyage chez des voisins atteints par le mal. On ne s'alarma pas tout de suite. La maladie la tortura si hypocritement que le médecin hésita à lui trouver un nom. Mais il conseilla au père Paric d'éloigner au plus vite ses enfants.

Ce fut à *La Planouze*, auprès de tante Irma, que Jantet et Julie apprirent la mort de leur mère. La vieille fille crut décent de leur annoncer que leur pauvre maman venait de monter au ciel. Ce n'était pas avec une formule, même aussi pieuse, qu'on pouvait les ménager. Ils éclatèrent en sanglot...

Ils arrivèrent à Jau-de-Capcir juste à temps pour les obsèques. Il y avait beaucoup de monde devant leur maison. Une bise aigre soufflait. Le nouveau curé glissait ses mains rouges dans les manches de son surplis et l'enfant de chœur serrait la croix contre lui, comme s'il eût espéré s'en réchauffer. Jantet remarqua tout cela au moment où tante Irma vint s'incliner devant le crucifix. Ils entrèrent dans la maison. Le père regardait d'un œil hébété le cercueil posé sur deux chaises. L'oncle Antonn embrassa les enfants et c'est alors seulement que Jantet ressentit toute la gravité du moment. Au cimetière, un retraité, qu'à peu près personne ne connaissait, parla longuement des vertus de la défunte. Pour lui, il s'agissait de marquer avec éclat son retour au pays natal où il guettait quelque charge municipale. Jantet aperçut son vieux maître d'école se rabattant une oreille de la main pour mieux entendre. L'oncle Antonn était l'objet d'une vive curiosité; on devinait qu'on avait parié pour ou contre sa venue. Autour de Jantet, les gens pleuraient; ils pleuraient leurs morts; et plus ils pleuraient et plus Jantet se sentait rebelle à la peine. Au retour pourtant, il parvint à s'isoler dans l'herbage, et là, dans un creux où il avait fait ses plus jolis rêves, au temps où sa mère était vivante, il s'abandonna. Il lui sembla que des choses délicates se défaisaient, se déchiraient au-dedans de lui, des choses qu'il ne pourrait plus jamais raccommoder. Il ne devait jamais plus souffrir avec cette profondeur ni cette pureté, car il y a une virginité de la douleur...

L'oncle Antonn ne parut pas au repas. Jantet ne cessait de penser à lui; il avait toujours été frappé par l'affection que sa mère montrait à l'oncle. Sans doute, se disait-il, c'est la présence de tante Irma qui l'empêche de rester parmi nous. Cependant, tante Irma servait et desservait; elle avait les yeux rouges d'avoir pleuré. Elle engageait son frère à manger et il obéissait tristement. Jantet souffrait de ne pouvoir aimer tante Irma comme, sans doute, il eût fallu. Il crut soudain avoir trouvé la vraie raison qui retenait l'oncle Antonn hors de la maison. Entre des murs, il étouffait. Il disait cela dans une chanson qu'on pouvait traduire de la sorte :

Ils poussent les verrous des portes,
Ils allument les fumeuses étoiles des lampes,
Ils se serrent bien autour,
Pauvres gens...
Et le rôdeur, qui reste maître

De l'infini,
Des vraies étoiles
Et de lui-même,
Ils imaginent de le plaindre,
Pauvres gens!

Vers le milieu de l'après-midi, l'oncle Antonn vint faire ses adieux; il portait dans les plis de sa pèlerine la sauvage odeur du mauvais temps. Tante Irma se leva aussitôt du cercle que les Paric faisaient autour du feu et s'en fut au fond de la salle. L'oncle Antonn la suivit un instant des yeux; une expression de mépris mêlé de pitié se peignit sur son visage. Il embrassa Julie, fit un signe de tête à Jantet qu'il sembla de la sorte distinguer pour un entretien particulier, et enfin s'entretint un instant à voix basse avec son frère qui s'était levé, roulait de gros yeux suppliants, se défendait en tremblant et balbutiant d'accepter un objet que l'oncle Antonn lui fourrait de force dans les mains. Lorsque le grotesque colloque eut pris fin, l'oncle s'écria :

« Tu me fais un bout de conduite, Jantet?

L'enfant eut un élan vers la porte. Tout de suite, l'oncle lui fit abandonner la rue pour couper à travers champs. Des sentiers se faufilaient à travers l'herbage. L'ombre pesait au loin sur les sapinières.

« Tu n'iras pas plus haut que La Triquère, dit l'oncle. Je vais coucher à la Carrière de Talès. J'ai un coin là-bas... »

Jantet était tout ému. Il devinait que l'oncle n'en resterait pas à ces banalités. Antonn s'arrêta, en effet, et dit gravement :

« C'est un triste jour pour nous, mon petit... Je ne

24

voudrais pas te tracasser davantage, et pourtant, il le faut! Bientôt, tu seras un homme! »

Il recommença à marcher cependant que le cœur de Jantet battait de plus en plus fort.

« La mort de ta pauvre maman ne va pas vous arranger, reprit-il. Ton père n'a pas l'air de s'en rendre compte. Dis-moi, ça ne te plairait pas d'aller habiter à *La Planouze*?

– A *La Planouze*? » fit Jantet.

Et l'image du maussade petit domaine, des tristes jours qu'il venait d'y vivre, du vieux domestique ensommeillé, de tante Irma enfin, ces derniers temps contrariante et revêche, passa un instant devant ses yeux...

« Oui, à *La Planouze*... continua l'oncle. On ne t'a sans doute pas dit encore que *La Planouze* vous appartient autant qu'à tante Irma elle-même! Tu sais bien que tu auras à gagner ton pain bientôt. Alors pourquoi pas là-bas où tu seras chez toi, sur ton bien? »

L'enfant parut si ébranlé par ces paroles que l'oncle lui frappa sur l'épaule pour lui rendre les esprits.

« Alors quoi? Ça te bouleverse tant que ça, ce que je te dis? Ecoute-moi bien... Si vous voulez monter là-haut, c'est une affaire réglée. J'ai préparé le terrain... Ton père ne veut rien entendre. Il dit que *La Planouze* ne lui appartient pas. Il se croit honnête, et ce n'est qu'un benêt, une dupe... Tante Irma nous a dépouillés, tu entends! Elle a fait tester notre mère en sa faveur, c'est entendu, mais quand elle a signé, notre mère était à moitié folle! »

Jantet ouvrait de grands yeux où passait un peu de frayeur. L'oncle le toisa un moment, à demi souriant. Il le croyait assez fort pour l'épreuve.

« Je te raconterai ces choses en détail, un jour, dit-il. Mais aujourd'hui, il s'agit de se décider, de faire preuve de courage. Puisque ton père s'obstine à rester dans son trou, pourquoi ne monterais-tu pas seul, là-haut? Tu seras bien traité, j'en réponds! Tu deviendras le maître! Je veux perdre mon nom si ça ne marche pas comme je te dis!

– Je voudrais réfléchir! répondit Jantet d'une voix étranglée.

– Réfléchir à quoi?

– A toutes ces choses... »

Soudain, l'enfant eut un sanglot, et il dit :

« Je ne pourrais pas... Je ne veux pas quitter papa et Julie!

– Bon... bon... » grogna l'oncle, ses plans dérangés.

Il fit quelques enjambées qui laissèrent Jantet en arrière.

« Mon petit! fit-il, pardonne-moi... Mais, tu comprends, je ne pouvais te laisser dans l'ignorance plus longtemps... Je te croyais ferme, fort... Je vois maintenant... Tu es un Chiquet! Tu es comme ton grand-père, comme ton père, un bon garçon, un faible... Tranquillise-toi! Il ne sera plus question de cela entre nous! »

Ils marchèrent un moment sans parler. L'enfant soupirait très fort. Au ravin de la Triquère, l'oncle s'arrêta brusquement.

« Allons! ne va pas plus loin! » dit-il.

Jantet s'approcha de lui pour l'embrasser. Mais l'oncle lui tendit la main. Et cette main, au bout du bras tendu, faisait comme un abîme entre l'homme et l'enfant...

Jantet s'en retourna le cœur gros. Un tourbillon de pensées l'agitait. Devant l'oncle Antonn, il avait exagéré son innocence. L'histoire de *La Planouze*, il la connaissait depuis longtemps. Ses parents s'en entretenaient quelquefois. A chaque visite de l'oncle, elle prenait une sorte d'actualité. *La Planouze*, c'étaient quatre champs autour d'une vieille maison. Les Paric y avaient végété un demi-siècle durant. Le vieux Chiquet laissait aller les choses. C'était la grand-mère qui tenait les rênes. A leur mort, la famille s'était dispersée. Le père de Jantet s'accommodait de tous les arrangements. L'oncle Antonn avait esquissé une résistance, mais, moins intéressé et moins ferme qu'il ne paraissait, à son tour, il était parti; seulement, il revenait de temps à autre faire des scènes à sa sœur. Tante Irma ne se sentait peut-être pas une bonne conscience, mais les années, un passé de labeur acharné, une âpreté innée, avaient fini par avoir raison de ses scrupules. C'était devenu une maîtresse avisée et dure. Elle s'entourait de domestiques vieillissants, mais encore alertes, et rognait à l'extrême sur leurs prétentions. Jantet avait pu le constater à son dernier séjour à *La Planouze*, elle n'était pas aimée des voisins; elle leur vendait son lait, ses œufs, son grain; elle venait à bout des plus retors; on lui faisait une réputation de richesse; on savait qu'elle confiait ses intérêts à maître de Montredon, un notaire et homme politique très influent d'Evolette... Mais tout cela ne l'empêchait pas de vivre modestement, étroitement même, et de garder avec sa famille déshéritée des relations pleines de bonté. Elle accourait à la moindre infortune, accueillait les enfants chez elle, ne cessait de témoigner de la bonne volonté...

Jantet trouvait l'oncle Antonn injuste; pourtant, il sentait que c'était celui qu'il aimait le mieux. Et déjà, il cherchait les moyens de reconquérir l'homme qui chantait :

> *Cent loups, mille loups affamés,*
> *Mon enfant.*
> *C'est bien moins cruel*
> *Qu'un homme repu...*

et qui lui demandait gravement : « Tu comprends, petit Jantet ? »

Lorsqu'il rentra dans la maison, Julie lui sourit. Sur la table, un petit tas de pièces d'argent avait roulé. Le père se tenait accroupi dans l'âtre et regardait fixement ses sabots, tandis que tante Irma, la poitrine gonflée de soupirs, avait pris ce visage hostile qui faisait se tenir les enfants cois, certains jours, à *La Planouze*. Lorsqu'elle eut compris que Jantet ne romprait pas le silence le premier, elle se tourna vivement vers lui et lui demanda :

« Eh bien, qu'est-ce qu'il te voulait ce voyou d'Antonn ? »

Ah ! c'était une bien douloureuse journée pour l'enfant que celle où il venait d'enterrer sa mère et où la haine ne désarmait pas. Et de même qu'il avait résisté à l'oncle, il éprouva le besoin de résister à la tante.

« Rien que je doive cacher ! répliqua-t-il sur un ton si impertinent, et en même temps si inattendu,

que le père leva la tête et le regarda avec surprise.

– Ah! fit la tante sans se démonter, je croyais qu'il
t'aurait dit où il a volé cet argent! »

Elle montra la pile écroulée.

Jantet regarda son père. Voilà, pensa-t-il, il n'ose
pas donner une explication. Il craint de fâcher sa
sœur. C'est sans doute elle qui paie les obsèques... Il
sait pourtant que son frère est un honnête homme!
Il le laisse injurier sans protester! A cette pensée, il
se raidit :

« Ce que vous dites est mal, tante! L'oncle gagne
honnêtement sa vie. Quand il a chanté, il tombe une
pluie de sous! »

C'était vrai. Jantet avait vu ce miracle de ses
propres yeux. Dans les fêtes, les villageois se bous-
culaient pour entendre l'oncle Antonn. Il commençait à faire gronder les cordes basses de sa guitare,
de plus en plus vite, de plus en plus fort, jusqu'à ce
qu'on entendît plus qu'un roulement d'orage. Lorsque tout le monde était suspendu à ce bruit, il
chantait. Il faisait ses chansons à mesure. Elles ne
rimaient pas toujours. Mais, il trouvait le moyen
d'agiter l'âme de gens qu'il estimait trop gais ou
trop insouciants. A Mont-Louis, il s'en prenait à
Moussu Monteille, le richard :

> *Si on mettait le feu,*
> *Oui, le feu,*
> *Aux cent granges de Moussu Monteille...*
> *Peut-être qu'encore il grelotterait!*

car Moussu Monteille était, comme tant d'hommes
cruels, toujours tremblant, toujours angoissé... A
Jau-de-Capcir, c'était l'avarice de M. Samso qu'il

montait en épingle. A Evolette, il apparentait maître de Montredon au corbeau. Et à Valmigère, M. Gironi avait l'honneur d'un thème à rendre jaloux Moussu Monteille lui-même :

> *Nous ferons un feu,*
> *Un grand feu carré,*
> *Un grand feu de bûches,*
> *Un bûcher!*
> *Et Monsieur Gironi,*
> *En le voyant,*
> *Trouvera moyen*
> *De claquer,*
> *De claquer des dents!*

Après cela, il s'abattait une tornade de gros sous autour du chanteur. Il ne tendait pas la main, ne remerciait pas. Il faisait son métier avec une passion et une dignité qui le plaçaient au niveau des poètes.

Cependant, l'explication de Jantet avait mis la tante dans une telle colère que le père dut intervenir :

« Allons, Irma, dit-il, ne te mets pas dans cet état! »

Aussitôt, elle se retourna contre lui :

« Toi aussi tu approuves ça! Cette vie de feignant, de propre à rien! Ah! elles sont fraîches ses chansons! Des injures à des gens respectables... Et tu as osé accepter cet argent gagné à salir les uns et les autres! Tu n'as pas besoin de ses aumônes, tu le sais bien!

– Irma... suppliait-il, sans oser lever les yeux.

– Tu sais, dit-elle, que ce malotru monte de temps à autre à *La Planouze* pour me menacer? Il me dicte

ses volontés! Oui, comme s'il était le maître!
Comme si je n'étais pas assez grande pour savoir ce
que je dois faire!

— Qu'est-ce qu'il veut encore? » fit le père.

A cette question, tante Irma s'arrêta de gesticuler
et de crier; elle redevint la personne réfléchie,
presque austère, que les enfants étaient habitués à
voir, la tante Irma de leur petite enfance.

« Oh! dit-elle, ce qu'il veut, tu le sais aussi bien
que moi... Que je m'en aille. Que je vous abandonne
La Planouze, comme ça, sans faire de bruit... »

Le père Paric s'était levé pour mieux souligner les
protestations qui montaient à ses lèvres, mais sa
sœur le fit rasseoir d'un geste.

« Voyons, reprit-elle, est-ce raisonnable? Antonn
sait bien comment c'est fait *La Planouze*! Autant
vous inviter à le suivre de rue en rue! Toi aussi, tu
le connais le « grand » domaine du vieux Chiquet!
Je me brûle les sangs à tenir les murs debout!
Remarque que si, des fois, il te prenait envie d'y
venir... et même s'il te venait à l'idée d'exiger ta
part...

— Exiger ma part! fit le vieux Paric que ces mots
avaient touché au vif. Est-ce que tu m'as jamais
entendu exiger quelque chose? »

A partir de ce moment, tante Irma s'était tout à
fait détendue. Il n'aurait pas fallu la pousser bien
fort pour qu'elle se mît à pleurer...

Après le repas du soir, las à mourir, les deux
enfants furent se coucher. Le père et la tante
restèrent à parler fort tard dans la nuit. Jantet
étouffa longuement des sanglots contre son oreiller.
Pour la première fois, il en était arrivé à voir la vie
sous son vrai jour, exactement comme une tragé-
die...

III

La vie recommença sans la mère. Julie fut chargée de la remplacer. Elle venait de faire douze ans. Chaque soir, en rentrant du travail, le père et Jantet la trouvaient en larmes. Ils la déchargeaient des besognes les plus rudes, mais il en restait toujours assez pour l'affoler. Jantet était maintenant occupé auprès de son père à la sapinière. Il était chargé des petites corvées du chantier, une besogne aussi exténuante que stupide et qui consistait à se tenir à la disposition d'une vingtaine de bûcherons, à accourir au moindre appel, à obéir aux commandements les plus saugrenus, et cela pour quinze sous par jour. Les jours passaient, et les exigences de certains abatteurs commençaient à lui peser, lorsque Miquel Vilanova, le chef de l'équipe, décida qu'il resterait exclusivement à son service.

C'était un ancien colon à qui la colonie n'avait pas réussi; il en était revenu, le sang bilieux, la poche plate, et bourrelé de vices. Dans la sapinière, il se croyait toujours dans la brousse, mais comme ses violences lui avaient été rendues quelquefois avec usure, il avait adouci sa méthode. Il se tenait presque toute la journée dans une cabane bâtie sur une butte, et c'était de cet observatoire qu'il dirigeait l'exploitation. Il ne se fatiguait guère. De temps à autre, il braquait sa lorgnette sur l'alentour et relevait ses observations sur un calepin, comme un navigateur de haute mer. Certains jours, il faisait trimer Jantet comme un malheureux boy, l'envoyait porter des ordres d'un coin à l'autre du chantier, le renvoyait les annuler, ou bien il le chargeait de lui rapporter du village des cigares et du rhum. Il se préparait des punchs dans une gamelle et les lampait brûlants, tout en clignant de l'œil à Jantet, mais sans jamais pousser plus loin la complaisance. Après ces goulées, il était secoué de tics : il devenait tracassier, méfiant, entrait dans des colères terribles, cravachait tout autour de lui. C'était le moment de se faire oublier, mais justement, il pensait toujours au jeune Paric dans ces circonstances, ou seulement il éprouvait le besoin de sa présence. Parfois, il le regardait d'yeux presque tendres où des larmes séchaient.

Un jour qu'il s'était mis dans cet état, il appela Jantet et lui dit :

« Tu vas me dire la vérité! C'est vrai que je te fais peur?

– Oh! non, répondit Jantet. Qui vous a dit ça?

– C'est un de là-haut, un de l'équipe... Je me disais bien... Comment diable ce petit mignon a-t-il la frousse de Miquel Vilanova qui n'a jamais fait de mal à personne! »

Il attira l'enfant à lui, lui caressa doucement les cheveux, l'œil si affreusement attendri que Jantet se sentit frissonner de dégoût.

Pourtant, si Miquel Vilanova, quelques jours après, n'avait pas recommencé son manège, Jantet n'aurait pas gardé un souvenir trop pénible de cette scène. Il se sentait infiniment troublé. Il éprouvait à la fois de la répulsion et de la peine. Les choses finirent pourtant par se gâter.

Un après-midi, après son punch, le surveillant l'appela dans la cabane. Il recommença à lui poser des questions, à s'attendrir, et au moment où sa confidence prenait un tour insupportable, il essaya de l'embrasser. L'enfant eut juste le temps d'éviter le contact de sa bouche empestée et sauta hors de la cabane, le sang glacé. Il entendit l'homme lui crier :

« Qu'est-ce qui te prend? Veux-tu venir ici, petit imbécile! »

Mais Jantet était déjà loin, fuyant à toutes jambes vers la maison...

Le soir, en rentrant de la sapinière où il avait entendu parler de la fugue de son fils, le père Paric l'interrogea vainement. Il ne pouvait se résoudre à raconter ce qui s'était passé. On ne l'aurait pas cru, ou on ne l'aurait pas compris. Lui-même, il éprouvait trouble et honte d'une aventure tellement singulière qu'il se demandait s'il n'avait pas exagéré son émoi. Mais, au matin suivant, lorsque le père le réveilla pour partir au travail, il refusa de le suivre. Un tel entêtement eût mis un autre homme hors de lui, mais le pauvre Paric se contenta de regarder son fils avec frayeur. Dans la nuit, il avait cru trouver une explication à cette attitude.

« Jantet! dit-il, c'est l'oncle Antonn qui t'a tourné la tête, hein? »

L'enfant eut beau protester, le père assura qu'il était convaincu de ce qu'il avançait et que ce n'était bien, ni de la part de l'un, ni de la part de l'autre, de manquer de confiance en lui. Jantet le regarda monter vers la sapinière, écrasé sous le poids du souci. Julie, qui avait assisté à la scène sans rien comprendre, pleurait doucement. Alors, Jantet reprit courage, le courage des innocents. Il consola sa sœur, la rassura, lui promit que tout s'arrangerait au retour du père. Ils firent le ménage ensemble. Ce fut une journée presque joyeuse.

A leur grand étonnement, le père rentra plus tôt que de coutume. Il alla s'asseoir auprès du feu, sans prononcer une parole. Il paraissait accablé. Il semblait qu'une poigne impitoyable lui tenaillait la nuque et lui interdisait tout mouvement. Les enfants le regardaient angoissés. A la fin, Jantet ne put supporter son inquiétude et il l'appela d'une voix blanche, de la voix qu'il avait certaines nuits où un cauchemar le dressait sur son lit. Alors seulement le père bougea; ses yeux étaient pleins de désespoir et de reproche.

« Malheureux! dit-il, tu commences bien! »

Il expliqua que Miquel Vilanova l'avait fait appeler pour lui apprendre que son fils était un voleur, qu'il avait à plusieurs reprises relevé des indiscrétions et qu'il ne s'était ému que le jour où il l'avait surpris à fouiller dans ses tiroirs, sans doute pour y dérober de l'argent. Et comme il avait prétendu le corriger, l'enfant s'était enfui précipitamment...

Jantet n'avait ressenti de sa vie une telle stupéfaction, une telle indignation. Il poussa quelques cris à réveiller un mort. Le père crut qu'il devenait fou. Cette explosion le ravigotait comme un coup de cognac, et, d'entendre son fils hurler au mensonge, grincer des dents et cribler d'injures cette crapule de Miquel Vilanova, ses joues se coloraient petit à petit. A cause de la présence de Julie, à cause de sa candeur aussi, les explications de Jantet furent assez confuses. Le père lui-même, dans son innocence de vieux paysan, ne les comprit pas tout à fait et pourtant il se leva et vint embrasser son fils.

« Ne pleure pas... lui dit-il. J'aurais juré qu'il mentait... Je lui ai sauté à la gorge! Mais il est plus fort que moi... Sans les copains, il m'aurait tué! »

Il serra à son tour contre lui Julie qui s'était approchée.

« Ne pleurez plus, mes enfants, répéta-t-il. Je suis si heureux! »

La fable de Miquel Vilanova fit le tour des chantiers et des métairies, puis gagna le village, et bientôt Jantet Paric fut considéré comme un garçon avec lequel il fallait avoir le moins de rapports possibles. Sur le compte du père, les avis étaient partagés. Beaucoup le désapprouvaient de ne pas avoir châtié son fils publiquement. Pourtant, toute sa vie de labeur était là qui en imposait. Il resta quelque temps sans travail. Ce fut seulement un jour que le pain manqua qu'il se décida à toucher à l'argent que lui avait remis l'oncle Antonn. Un peu plus tard, on l'engagea dans une entreprise forestière et un peu de sécurité revint au foyer.

Jantet s'acharnait à se rendre utile. Il travaillait le jardin négligé depuis la mort de la mère, besognait de toutes ses forces à côté de Julie, exactement comme s'il eût voulu se purifier de la faute qu'on lui imputait. Il pensait souvent à l'oncle Antonn, trouvait à ses couplets des significations nouvelles; il les chantait en travaillant et ils lui fouettaient l'esprit et le cœur. Il était allé voir son vieux maître d'école, et après s'être justifié ardemment, il lui avait demandé conseil. Le brave homme lui avait prêté des livres. Jantet trouvait le temps de feuilleter dans le tas; il en émanait des souvenirs scolaires, comme un parfum un peu triste de fleurs fanées. Il en était arrivé à ne plus pouvoir se passer de leur compagnie, mais allait de préférence aux récits, aux relations de voyages, de découvertes et d'aventures, à tout ce qui le faisait s'évader de la réalité quotidienne. Et, à mesure, il devinait que cette passion le servait, le préparait à la vie, qu'elle lui découvrait, comme certaines chansons de l'oncle, la revanche après la défaite, la force et la grandeur de l'homme après la faiblesse et la laideur.

Bientôt, il éprouva le besoin de prendre une résolution énergique. Il lui fallait quitter Jau-de-Capcir le plus tôt possible, prendre un métier, mais il ne savait où aller ni quelle besogne entreprendre. Il n'osait demander conseil à son père qui lui dirait sans doute de patienter et briserait son élan. Il préféra se confier d'abord à Julie, mais, à son premier mot, elle manifesta un vrai désespoir. Il n'avait jusqu'alors pensé à la séparation que très légèrement; il comprit que ce serait une dure épreuve pour tous.

Lorsque le père et Julie eurent accepté de le laisser partir, il lui sembla que toutes les difficultés étaient vaincues et que la vie allait subitement devenir pour lui une chose vibrante, un peu comme une cavale qu'il aurait à dompter. Mais il se passa de longs jours au cours desquels les Paric se prenaient la tête à deux mains pour découvrir le métier qui conviendrait le mieux. Jantet ne se sentait pas de grandes ambitions. Pourtant, il avait une préférence pour les métiers violents; sans Miquel Vilanova, il serait devenu un excellent abatteur; il se voyait aussi complaisamment apprenti-boulanger ou forgeron. Ceux-là participaient à l'éclosion de l'œuvre au même titre que le patron; ils n'étaient jamais relégués dans l'ombre... Aussi, ce fut du côté des boulangers et des forgerons que le père Paric aiguilla les recherches. Toutes les relations et toutes les connaissances de sa jeunesse y passaient.

« Attends! disait-il, soudain inspiré, il y a bien... J'ai le nom au bout de la langue... Ah! Esquirol! Mais non, non, ce n'est pas possible... Peut-être que Cantallops tient encore boutique à Ille... C'est un bon pays... Il faudra que je sache! »

Il fut quelques semaines où, pensant à l'un et à l'autre, avançant un nom puis le retirant, exhumant de son passé des ombres de copains et des spectres de voisins, ému à la pensée qu'il n'avait plus rien su d'eux, le père Paric fit naviguer l'imagination du fils d'un village à l'autre, et de la forge au pétrin... Jantet éprouvait les transes d'un enfant devant qui on coupe les ficelles d'un paquet.

Un jour, enfin le père Paric s'écria :

« Je crois que j'ai ton affaire! Comment n'ai-je pas plus tôt pensé à ce brave Mathieu! Oui, oui... tu verras que Mathieu Garrouste te prendra chez lui! Un bien brave patron ce serait pour toi, s'il n'a pas changé de caractère... »

Jantet était tendu des pieds à la tête. Quel métier faisait-il cet homme dont il entendait le nom pour la première fois? Mais le père, tout à la joie d'avoir découvert son Garrouste, ne se souciait pas de le fixer sur son état futur.

« Il est de ma classe! disait-il. Moi, j'ai été réformé... Mais lui, tu verras! Il arriverait à cette poutre! Il a fait la guerre dans les cuirassiers! Ah! c'est un dur-à-cuire! Je sais qu'il est marié avec une fille d'Oreilla. Je ne connais pas sa femme, mais lui, je te réponds que ce n'est pas un homme à manières! Et pourtant, avec sa force, il pourrait en faire des manières! »

Ce ne fut que lorsqu'il se trouva à court de louanges que le père Paric apprit à Jantet que Mathieu Garrouste était forgeron et qu'il habitait Evolette, un gros village de la vallée.

Jantet écrivit aussitôt une lettre si courtoise qu'avec un peu de justice elle eût pu lui donner accès dans une chancellerie. Quinze jours passèrent sans apporter de réponse. Au moment où les Paric commençaient à désespérer, le facteur leur remit une lettre d'Evolette. Mathieu Garrouste acceptait de prendre Jantet à l'essai. Mais il ne répondait pas de l'avenir. Si le patron n'était pas satisfait de l'employé ou si l'employé n'était pas satisfait du patron, on se le dirait franchement.

Jantet partit pour Evolette dès le lendemain. C'était un dimanche. Le matin était rose comme une joue d'enfant. Le père Paric et Julie vinrent accompagner Jantet jusqu'à la Carrière de Talès. Là, le pays s'affaissait; on pouvait se laisser porter par le caprice des sentiers des journées entières; une riverette cabriolait à côté du chemin que Jantet devait prendre. Evolette était dans le creux, au plus lointain, à des lieues.

Jantet se lança dans la descente. Il eut assez de courage pour ne se retourner qu'une seule fois. Père et Julie se tenaient immobiles sur la crête où il les avait quittés. De loin, ils semblaient serrés l'un contre l'autre. Il leur fit un grand geste des bras; malgré lui, il y mit un peu de désespoir. C'est ainsi qu'on s'arrache vraiment à l'enfance.

IV

Il n'aurait su dire pourquoi, Jantet s'était imaginé la « maréchalerie » de Mathieu Garrouste sous les aspects d'une maison de bonne apparence, bien en vue sur la place la plus importante d'Evolette. Quant à la boutique proprement dite, il se l'était représentée vaste, béante, traversée d'ombres et d'étincelles, un peu comme une nuit d'été. Et, naturellement, elle ne pouvait manquer d'attirer comme mouches tous les oisifs et gamins du bourg. Aussi, fut-il surpris et déçu de ne la découvrir qu'après maints détours, à l'orée du village, du côté de la rivière, au fond d'une ruelle tout juste assez large pour le ferrage d'un cheval.

C'était dimanche. Le fracas de la rivière s'engouffrait entre les maisons comme une autre rivière de bruits. La boutique était fermée. Il heurta longuement à la porte avant que Finotte Garrouste se décidât à l'ouvrir. La patronne se montra tout de suite prévenante et aimable. Jantet ne s'attendait pas à être reçu avec tant d'égards. Mais son étonnement crût encore lorsqu'il déboucha de la forge dans la cuisine, claire et luisante de propreté, et que Finotte Garrouste qu'il s'était imaginée brunie et desséchée par l'atmosphère du métier, lui apparut rondelette et si blanche qu'il aurait juré, sans l'évidence de la situation, qu'il s'était trompé de porte et était entré chez le boulanger...

Il était encore étourdi par ces impressions lorsque le père Mathieu entra. Il s'arrêta sur le seuil de la porte, et, comme Jantet s'était assis au fond de la pièce, il eut le temps d'entrevoir entre le compas des minces et longues jambes de l'arrivant, tout le panorama de la forge.

« Ah! voilà notre homme! » fit le forgeron.

Il était bien tel que le père Paric l'avait dépeint, mais Jantet s'attendait à trouver une autre allure à un ancien cuirassier. Ah! il n'était pas beau, le père Mathieu, avec son ossature de chaîne d'arpenteur, ses gestes si lents qu'il avait d'abord l'air de les essayer, sa rousseur de meule qui a essuyé tous les orages de l'année, sa voix de grelot, et enfin ses yeux niais et figés comme on en voit sur la tranche des nougats! En deux enjambées, il arriva sur l'apprenti, et rien qu'à sentir la force de la poignée de main, Jantet se sentit envahi de respect.

Le père Mathieu le trouva robuste. Il répéta plusieurs fois, en hochant la tête :

« Vrai... tu ne ressembles pas à ton père! »

Puis, il s'ingénia à faire un portrait du père Paric et il n'aboutit qu'à une caricature si désobligeante que Finotte crut bon de l'inviter à se taire. Ils se taquinèrent un moment cependant que Jantet essayait de pénétrer leur caractère. Ils paraissaient s'aimer. Mais quel contraste ils faisaient, lui tout en acier, et craquant aux jointures, elle tout en saindoux, tendue et si blanche qu'on en était à se demander s'il l'avait jamais serrée dans ses bras!

Lambert, le premier ouvrier, entra comme

Finotte finissait de mettre le couvert. C'était un grand garçon d'aspect nonchalant. Il était vêtu et cravaté avec soin. Sans son cou hâlé et ses mains brûlées, on l'eût pris pour un fils de famille. Le père Mathieu lui présenta Jantet; il se contenta de le regarder et lui fit un petit signe de tête maussade. Puis, il alla s'asseoir devant son assiette, joua avec son couteau, le visage si obstinément renfrogné que Jantet en ressentit un malaise. Il lui tardait que quelqu'un rompît le silence; mais personne ne parlait depuis que Lambert était entré; les Garrouste semblaient soudain moins heureux, comme si le garçon venait de leur remémorer un souci.

« On ne t'a pas fait de bons comptes, on dirait ? risqua enfin le père Mathieu, en s'asseyant à son tour.

– Bah ! vous vous faites toujours des idées ! répliqua Lambert, et il tourna la tête vers Finotte qui apportait la soupe.

– Allez, mangez ! dit-elle. Et toi, Mathieu, ne commence pas à le tracasser !

– Je ne le tracasse pas... dit le vieux, bonhomme. Mais je parie qu'il a encore perdu au « flor » !

– Justement, j'ai gagné ! fit Lambert.

– Tu m'étonnes ! s'obstina le vieux. Qui il y avait ?

– Oh ! fit Lambert agacé, toujours les mêmes... »

On mangea longuement en silence. La scène ne paraissait avoir privé d'appétit ni les uns ni les autres, sauf peut-être Jantet pour qui l'avenir semblait s'être soudain compliqué. Il comprenait presque avec effroi que Lambert était un personnage considérable dans la maison et il s'apprêtait à le ménager. La tête lui tournait un peu. Tous les

43

événements de la journée, l'émotion du départ et celle de l'arrivée, les appréhensions et les surprises, tourbillonnaient dans sa cervelle.

Lambert se leva le premier de table, souhaita le bonsoir à tous, puis sortit de son grand pas lent et traînant. Il sembla que ce départ laissait les Garrouste pensifs, puis, l'attention que Lambert avait jusqu'alors monopolisée sans qu'il fît quoi que ce fût pour la mériter, revint sur Jantet. Bientôt, comme il tombait de sommeil, Finotte l'accompagna jusqu'à la chambre qu'il devait occuper. Ils firent résonner des marches un long moment. L'escalier de bois se vrillait dans la maison. La patronne allait devant avec une bougie; elle prenait équilibre contre les cloisons, rebondissait tantôt d'une épaule et tantôt de l'autre, et soufflait fort. En haut, deux portes jumelles les arrêtèrent. On eût pu toucher le toit de la main. Finotte fit tourner la poignée de l'une des portes qui résista.

« C'est la chambre de Lambert, dit-elle. Je voulais te faire voir. Mais, c'est fermé. Le coquin a peur qu'on lui vole ses secrets! »

Elle haletait un peu en disant ces mots, mais la montée l'avait essoufflée.

« Tiens, voilà ta chambre! »

Ah! même de la découvrir à la clarté incertaine de la bougie, Jantet en fut ébloui! Elle était assez grande; des meubles titubaient dans la lumière dansante. Finotte lui en fit faire le tour. Elle toquait du doigt le pot à eau, faisait fonctionner des tiroirs, manœuvrait l'espagnolette de l'unique fenêtre, faisait coulisser le rideau d'une penderie, et elle soulignait tout cela d'explications et de conseils. A nouveau, comme pendant le repas. Jantet fut pris d'un vertige et, à un regard un peu appuyé de Finotte, il s'avisa que ses grosses chaussures sauçaient dans les plis de la descente de lit comme dans une flaque.

« Eh bien! tu ne dis rien! dit-elle. Tu étais logé comme ça à ta maison?

– Oh! non, madame... dit Jantet.

– Appelle-moi Finotte, veux-tu? Tu n'as pas vu que tu faisais rire mon Mathieu, à table, chaque fois que tu me disais : merci, madame! Ce n'est pas des mots pour nous! »

Finotte partie, Jantet se déshabilla presque religieusement. Il observait toutes les recommandations qu'elle venait de lui faire. Il comprenait que le désordre lui était insupportable. Il aurait bien voulu voir la chambre de Lambert auquel il ne cessait de penser; ce devait être Finotte qui lui avait donné ce pli de propreté et de coquetterie qui l'avait tant frappé. Il regarda ses vêtements de pauvre, ses gros souliers; il s'avança devant le miroir, et la broussaille de ses cheveux lui fit honte.

C'était la première fois qu'il dormait seul, dans un lit si large et si moelleux qu'il ne pouvait y trouver le sommeil. La clarté de la lucarne et celle de la fenêtre, qu'il avait laissée grande ouverte, faisait des taches sur le parquet; à mesure que la nuit avançait, la rumeur de la rivière devenait plus forte. Il faisait de grands efforts pour dormir.

Très tard, il avait entendu un frôlement contre la cloison, un craquement de clef. Lambert qui rentrait, sans doute...

Au matin, lorsqu'il s'éveilla, la lumière inondait la chambre. Il courut à la fenêtre. Le soleil était déjà haut. La rivière miroitait à travers les prés. Une campagne ravinée, une cohue de collines, de failles, de pics, de crêtes, s'enfuyait avec l'eau rapide vers le sud. Il ne voyait à peu près rien d'Evolette, sauf l'à-pic des maisons riveraines et quelques toits isolés dans la verdure. Tout en s'habillant en hâte, honteux de s'être réveillé si tard, il ne pouvait s'empêcher de penser à la beauté du paysage entrevu. Il était bien différent de son pays natal, ce vallon animé de ruées, de bonds, d'eaux mugissantes! Mais, sans être ingrat, comme il lui serait facile de l'aimer!

Lorsque Jantet parut au bas de l'escalier, il fut surpris de trouver la boutique vide. Il hésitait à avancer lorsque le père Mathieu surgit en trombe de la rue, un fer grésillant au bout de ses pinces, courut au baquet, y plongea le fer qui cria et fuma, ressortit sans le voir. Il ferrait un cheval. Tout le monde était mobilisé. Lambert tenait le sabot retourné contre sa cuisse et le propriétaire de la bête chassait les mouches. Une odeur de corne brûlée s'évaporait dans la bise aigre. Le père Mathieu ne s'avisa de la présence de Jantet que sa besogne terminée. Il suait à grosses gouttes. La bête n'avait pas été commode.

« Ah! te voilà! dit-il. Tu as déjeuné? Non! Entre donc voir Finotte! Et referme la porte si tu ne veux pas te faire savonner! »

Un instant après, Jantet trouva le père Mathieu et Lambert occupés à battre à tour de bras une barre de fer que le patron retournait de temps à autre sur l'enclume. D'autres fers chauffaient dans le foyer. Le vieux cria sans lever les yeux :

« Tiens! souffle Jantet! »

Il saisit la chaîne du soufflet, s'y pendit presque,

46

tant il était pressé de servir. Il se tint à ce travail tout le matin. Lorsque l'heure du déjeuner arriva, le vieux lui frappa sur l'épaule, et, sans le moindre soupçon de moquerie, il lui dit:

« Allons! on a bien gagné sa croûte! »

V

QUELQUES semaines après, Jantet était devenu un aide précieux. Il s'intéressait au métier; il essayait de comprendre et n'entreprenait la besogne la plus simple qu'après avoir bien réfléchi. Pour rien au monde, il n'eût voulu s'attirer un reproche du père Garrouste, mais il craignait davantage encore le ridicule, et certains rires mal étouffés de Lambert lui restaient sur le cœur tout le jour. Le premier ouvrier ne se dégelait toujours pas; à l'atelier comme à table, il ne parlait que s'il y était contraint. En revanche, il travaillait sans répit, d'un train lent et obstiné. Pendant que ses mains allaient, à l'étau ou au volant, on le devinait préoccupé; c'était au jeu, à l'amour, aux aventures de la nuit qu'il devait penser, ou peut-être ruminait-il des choses plus anciennes. Jantet savait qu'il était orphelin et que les Garrouste l'avaient recueilli; à part cela, sa vie restait pour lui mystérieuse. Lambert se couchait toujours tard, mais depuis le soir de l'arrivée de Jantet, on n'avait plus fait allusion à ses dérèglements. Finotte semblait être pour quelque chose dans cette discrétion. C'était elle qui portait culotte dans le ménage, Jantet le voyait bien maintenant.

Elle régentait les trois hommes, mais y mettait de la bonne humeur et même une sorte de douceur inquiétante. Le père Mathieu l'adorait. Elle réussissait le civet comme pas une, tenait son linge propre, réglait toutes les questions d'argent. Que pouvait-il exiger de plus? S'alarme-t-on du passage d'un petit nuage dans un grand ciel bleu?

Au travail, Lambert donnait rarement des ordres à Jantet. Tout se faisait par signes ou exclamations. Le père Mathieu sifflait un coup, ou faisait hé! et aussitôt les deux hommes se comprenaient et travaillaient l'œil dans l'œil. Pendant ce temps, Jantet purgeait le foyer de ses scories, le chargeait, faisait le plein des baquets, tassait le mâchefer dans les ornières de la rue. Quelquefois Finotte l'envoyait faire une course. Il prenait de l'assurance. Au repas, il se mêlait aux conversations du métier, au risque de faire pouffer ces messieurs dans leur soupe. Il prenait sa revanche sur d'autres sujets. Il était clair qu'il parlait beaucoup d'après les livres et les journaux, mais c'étaient les formules vitriolées de l'oncle Antonn qui faisaient le plus d'effet sur l'auditoire. Le père Mathieu était radical-socialiste et anticlérical. Finotte lui abandonnait les curés qui n'ont pas de chevaux à ferrer, mais elle lui interdisait de s'en prendre aux riches qui, comme maître de Montredon, constituaient le meilleur de la clientèle. Finotte défendait ses recettes et le père Mathieu son indépendance. Leurs éclats ne sortaient pas de la forge. Et le premier conseil que le père Mathieu donna à Jantet, dès qu'il le découvrit aussi exalté, fut de ne pas crier aussi fort. Tout le monde approuva, Lambert le premier, qui le voyait prendre un peu trop d'importance dans ce milieu où il régnait.

Le vieux Garrouste aimait parler du père Paric; Jantet sentait qu'il tenait là un moyen de l'humilier. Encore qu'ils ne se fussent pas vus depuis trente ans, le père Mathieu était au courant des moindres événements de la vie de son ancien camarade. Il savait qu'il avait épousé une orpheline, perdu deux enfants en bas âge, que sa femme était morte du choléra... Il le plaignait, mais semblait en même temps lui tenir rigueur de tant d'infortune. « L'affaire de l'héritage » ne cessait de le frapper; il avait entendu parler de tante Irma et cachait mal son admiration pour elle.

« Celle-là, disait-il, je paierais pour la connaître! Elle a roulé ton père... Elle a roulé ce malin d'Antonn... Je paierais, te dis-je! Car, pour rouler Antonn, il doit falloir se lever matin! »

A Evolette, l'oncle Antonn était connu comme le loup blanc. Il venait roucouler ses chansons sous les fenêtres de maître de Montredon dont c'était le métier de mettre le nez dans les affaires de famille. Le père Mathieu convenait que le notaire avait parfois le nez trop long, mais il trouvait Antonn un peu rosse et trop fier pour le métier qu'il avait choisi. Jantet plaidait pour l'oncle. Lambert haussait les épaules. Et Finotte finissait par intervenir... D'autres fois Jantet faisait un portrait grandiose de *La Planouze* et il enflait la richesse de tante Irma. Il avait remarqué que cela rendait Lambert plus modeste et que son regard s'aiguisait de convoitise; lorsqu'il était question d'argent, il écoutait intensément; ce seul mot le faisait flamber.

Un semblant d'amitié s'esquissait pourtant entre les deux ouvriers. Jantet n'était pas sûr que Lambert fût d'une fréquentation recommandable; il avait beaucoup de raisons de le supposer enclin au mal; mais il l'attirait comme un abîme. D'abord, c'était une conquête, et qui lui avait coûté! Le petit apprenti ignorant, le montagnol qu'il était, avait su vaincre les préventions et les moqueries de cet ouvrier accompli. Aussi, ressentit-il une vive fierté, le dimanche où Lambert lui proposa de sortir avec lui et parut l'accepter définitivement dans son intimité. Ils descendirent vers la rivière. C'était dans l'après-midi. Il y avait du soleil sur la nature. Jantet avait reçu le matin sa première paie, une pièce de cinq francs et trois pièces d'argent de un franc. C'était un homme riche. Il était logé, nourri, blanchi. Il ne fumait pas, ne fréquentait pas le café, mais dès qu'il aurait contracté des vices et rendrait des services plus fermes, on augmenterait sa paie. Lambert avait touché sa part la veille. On le payait à la semaine. Il empochait sans vérifier, comme un riche qui n'en est pas à une erreur près. Cet après-midi, il était plus maussade encore que de coutume et Jantet entendait son pas buter sur les cailloux. Il avait passé la nuit du samedi au jeu; Finotte boudait depuis le matin; tout confirmait enfin qu'il se montrait de moins en moins raisonnable. N'importe! Le chagrin qu'éprouvait Jantet de le voir las et découragé était dominé par la joie d'être devenu son ami, et il s'attendait à un échange de confiance où il était prêt à donner beaucoup. Il ne fut pas déçu. Après quelques hésitations, Lambert commença à conter ses ennuis. La veille, il avait perdu jusqu'au dernier sou de sa paie; la malchance le poursuivait depuis des mois. Il avouait son infortune tout en se donnant des airs d'homme fort, d'homme expérimenté aussi, et qui sait qu'il aura sa revanche. Pourtant, Jantet le devina si désemparé et si malheureux qu'il plongea vivement la main dans sa

52

poche et lui offrit ses huit francs. A la vue de l'argent, les yeux de Lambert brillèrent; puis il sourit et repoussa la main de Jantet.

« Non... dit-il, garde ça, va... J'ai une passe trop mauvaise. Je serais capable de les perdre, et toi aussi tu resterais sans le sou! »

Jantet l'assura que cela ne le changerait guère et qu'il aurait grand plaisir de le voir accepter. Il sut être si persuasif que Lambert finit par se laisser convaincre..

« Merci, dit-il. Je te les rendrai bientôt, j'espère... »

Dès qu'il eut empoché l'argent de Jantet, Lambert devint plus gai; on eût dit un malade qui vient d'absorber un cordial. Ils étaient arrivés au bord de l'eau. Jantet ressentait comme une ivresse de s'être montré généreux; il y avait aussi le vertige que lui communiquait l'eau du torrent, à cet endroit en plein galop. Ils s'étaient assis sur la berge. Le vent prenait la vallée à rebrousse-poil; le soleil allumait des milliers de feux sur l'eau, et les arbres brillaient et claquaient comme une lessive à sécher. La petite moustache brune de Lambert sautait sur sa lèvre à chaque parole. D'une voix monotone et sans passion, il racontait sa vie. Sa mère était morte jeune; dès l'âge de onze ans, il était sur les routes; son père était rétameur-ambulant; ils avaient travaillé ensemble sur toutes les places de village de l'Aude, de la Cerdagne et du Capcir; c'était une vie rude et sans imprévu; son père avait succombé à une embolie, une nuit, à Evolette; les Garrouste l'avaient recueilli, et maintenant, il était un peu comme leur fils... Il parlait sans grande chaleur, mécontent de tout, même de ses chances, mais Jantet l'écoutait avec émotion. Il aborda d'autres sujets. Des noms de jeunes filles vinrent sur ses lèvres; il avait eu quelques jolies aventures, mais il déplorait que les filles riches fussent inaccessibles aux apprentis-forgerons; son amertume avait quelque chose de comique, mais en même temps elle recouvrait une sourde âpreté, une espèce de haine pour le privilège. Les riches d'Evolette, il les connaissait un à un. Il parlait d'un certain Lavergne comme d'un familier; celui-là se risquait aux « jeux d'argent »; c'était un homme à femmes; mais il avait des cents et des mille pour entretenir ses passions; il l'enviait manifestement... Comme Jantet risquait le nom de maître de Montredon parmi les fortunés haïssables, Lambert fit une moue. Il considérait le notaire comme un homme généreux; aux élections, il tenait table ouverte et il n'était pas un pauvre d'Evolette qui ne lui dût quelque lichée; le père Mathieu le combattait et pourtant le notaire lui conservait sa clientèle; c'était un des rares qui donnait des pourboires... Ce plaidoyer rendait Jantet tout triste, car il ne pouvait oublier que maître de Montredon n'avait pas hésité à faire arrêter l'oncle Antonn, pour une chanson. Mais il se taisait pour ne pas altérer l'harmonie d'une si belle journée.

A un moment, Lambert fourra machinalement la main dans sa poche; il rencontra sans doute le froid des pièces que Jantet lui avait données car il eut un tressaillement et, aussitôt, il proposa de rentrer.

Au cours de la nuit, comme Jantet dormait, Lambert entra dans sa chambre. Il pouvait être deux heures du matin. Lambert s'éclairait d'une bougie, et Jantet, réveillé en sursaut, le vit qui grimaçait derrière la flamme.

« Regarde! » souffla-t-il.

Il aligna sur la couverture deux louis d'or, trois

écus de cinq francs et une escouade de pièces blanches. Il soulignait d'un petit ricanement chaque addition nouvelle.

« La chance est revenue! dit-il. Je t'expliquerai demain... »

Il était monté en chaussons; il parlait à voix basse pour ne pas donner l'éveil aux Garrouste. Une véritable peur avait saisi Jantet aux entrailles. Cet or étalé, ce rire silencieux de malfaiteur qui retourne d'un cambriolage les poches pleines, lui communiquaient une sorte d'épouvante. Il avait entendu parler du jeu comme d'un engrenage où on passait tout entier dès qu'on s'était laissé prendre un doigt. Il comprenait que Lambert était perdu.

Il resta longtemps éveillé dans la nuit.

Au matin, dès qu'il entendit le pas de Jantet derrière la cloison, Lambert entra de nouveau. Il semblait dégrisé. Il rendit l'argent comme il l'avait promis, ajouta un écu de cinq francs. Comme Jantet le refusait avec véhémence il le regarda durement.

« Allons, prends ça! dit-il. Ne fais pas l'imbécile! »

Et il laissa Jantet tout stupide, son écu d'étrenne dans la main.

VI

JANTET s'intéressait beaucoup aux chevaux qu'on menait ferrer. Il venait des chevaux de la diligence, à l'œil triste et ourlé de poussière, à l'encolure raidie à jamais par l'effort; les valets leur prodiguaient toutes sortes d'insultes et personne ne protestait. Le médecin conduisait son poney lie-de-vin; avec son naseau rose et ses yeux rouges, le poney faisait penser à un enfant qui a pleuré. Jantet s'imaginait que cette petite bête avait du chagrin et il s'attendait à la voir faire quelque fantaisie de cirque, scandée de sanglots, comme un clown qu'il avait vu dans son enfance. Maître de Montredon arrêtait quelquefois son tilbury devant la forge; son cheval était chevelu comme une chasseresse; ils arrivaient et repartaient en coup de vent. Jantet se risquait à faire des parallèles entre ces hommes et ces bêtes et il faisait ouvrir des yeux inquiets au père Garrouste.

« Tu as raison... lui dit-il un jour. Mais prends garde à ne pas me faire d'histoires avec ta langue! »

Lorsqu'il donnait un sujet de mécontentement au père Mathieu, Jantet se rachetait par du zèle. Son apprentissage était avancé. Il savait ajuster, souder, forger. Il prenait des initiatives. Le vieux était tout de suite apaisé. Mais il y avait un moyen plus sûr encore de l'attendrir; c'était de l'entraîner à parler de sa fameuse charge de 70.

Cela commençait ordinairement à propos de chevaux. Le père Mathieu avait fait sept ans dans la cavalerie; il était désigné pour éprouver les arrivages; les bêtes les plus difficiles, il savait comme pas un les briser dans l'étau de ses cuisses d'acier. Il contait ses exploits tout en travaillant, dans le chant de l'enclume, l'œil occupé de la couleur du fer. Ses souvenirs de guerre se réduisaient à peu de chose, et si on le pressait, il devenait réticent comme si on lui eût demandé de trahir un secret d'état-major. En réalité, la guerre s'était résumée pour lui à une charge. Il n'y arrivait qu'avec des lenteurs, la réservait comme un plat de résistance, car en tant que surprise, elle avait perdu de sa fraîcheur. Enfin, il y venait. La besogne s'alentissait aux moments pathétiques. Avec son tablier de cuir déchiqueté, ses bras velus, son œil de milan stupide, ce fer rouge sur lequel il s'oubliait jusqu'à en faire un sabre d'abordage, il était l'image parfaite de l'héroïsme tel qu'on l'apprécie à quinze ans, et parfois même un peu plus tard.

Le colonel les avait harangués. Ils étaient des centaines de cavaliers sur une colline si chargée de cuirasses qu'elle avait l'air d'un glacier au soleil. Lorsqu'ils mirent sabre au clair, il sembla qu'un deuxième soleil se levait. Ils donnèrent les rênes. Et alors... Alors, le vieux Garrouste fermait les yeux, tellement il se sentait impuissant à donner une idée de ce qui s'était passé. Mais on reconstituait pourtant l'épopée. Ils étaient arrivés sur un plateau traversé de sifflements et d'explosions, puis ils avaient dévalé un ravin, se chevauchant, s'entravant, s'envolant les uns par-dessus les autres, les chevaux fauchés sous eux, emportés par la vitesse hors des étriers comme des bolides d'argent, retombant sur des selles vides et des croupes dansantes, renvoyés à terre au milieu des mourants et des morts, piétinés à leur tour dans des cris de douleur et de désespoir. Lui, le père Mathieu, se trouvait sur le flanc de la dernière vague; il avait eu quelques secondes sous les yeux le spectacle de cet océan démonté, et il avait foncé comme les autres dans le gouffre délirant. Pourtant, il était sorti vivant de l'aventure.

Après ce récit, le vieux restait pensif de longues heures. Il devenait indulgent pour toutes choses, admettait que Jantet s'attardât à la lecture d'un livre ou d'un journal au moment où le travail commençait. Il se penchait parfois sur les pages et disait :

« Ça a l'air intéressant cet écrit! »

Lui, ne savait pas lire. La *Dépêche de Toulouse* n'entrait à l'atelier que pour témoigner de sa ferveur démocratique, et aussi parce que Finotte aimait suivre le feuilleton.

Les jours passaient. Jantet devenait homme. Le travail lui avait fait de gros bras, des mains fortes et rouges de l'afflux du sang. Quand il se calait sur ses jambes écartées, le tablier de cuir battant ses genoux, la chemise bien ouverte sur sa poitrine et y dessinant un beau triangle de peau écarlate, et qu'il faisait chanter l'enclume, il était fort agréable à voir. Il le devinait à la considération qui montait autour de lui, à l'étonnement des gamins qui venaient se pencher sur la barre d'appui, à l'émerveillement ostensible de Finotte. Le père Mathieu et Lambert avaient cessé de se moquer de lui depuis longtemps. Parfois, il leur faisait perdre haleine; mais les deux bougres se rachetaient par leur expérience; le travail de Jantet était révisé, ou parfois un clappement de langue l'arrêtait au bord d'une étourderie. Il devinait, chez Lambert surtout, la frayeur de se trouver dépassé... Il poussait donc dans une atmosphère cordiale, sentait croître ses ergots. Hormis une courte maladie de son père et la bouderie de l'oncle Antonn, il ne voyait nulle ombre sur son bonheur.

Pourtant, un revirement singulier et bien fait pour l'inquiéter, s'effectuait depuis quelque temps dans le caractère de Finotte. Ses attentions pour Lambert perdaient de jour en jour cette empreinte affectueuse qui avait tant fait rêver Jantet; elle lui reprochait les excès pour lesquels elle était naguère indulgente, restait des semaines entières sans lui adresser la parole. Manifestement, le torchon brûlait entre eux. Cela n'eût pourtant pas trop détonné sur les habitudes de la maison, car Lambert gardait en toute circonstance un visage taciturne et semblait ne point s'être aperçu de ce changement, si la patronne ne se fût avisée de reporter sa tendresse sur Jantet; elle devenait pour lui si attentive et tendre qu'il en éprouvait de la gêne. C'était surtout lorsqu'ils étaient seuls qu'elle se montrait particulièrement affectueuse; elle aimait l'interroger sur sa vie, ses goûts, ses amours; elle le trouvait joli garçon, le taquinait avec des espiègleries de petite fille. Au début, Jantet, s'était trouvé flatté de cette ascension au premier rang, mais, au fur et à mesure que les propos de Finotte lui semblaient prendre un sens équivoque, surtout après certaines scènes où il avait cru lire dans son regard des sentiments assez troubles, il s'ingéniait à la décourager. Mais elle redoublait d'audace, et un dimanche qu'il rêvait sur la page d'un livre, elle le lui arracha des mains, lui reprocha de s'abandonner à des chimères qui n'étaient pas de son âge, et enfin l'embrassa... Il eut un sursaut où il entra plus d'indignation que de surprise; le souvenir de Miquel Vilanova lui sauta à la gorge; il voulut protester, faire un éclat, mais il n'en eut pas le temps, car Finotte s'était empressée de s'enfuir sur cet avantage.

Les jours qui suivirent, elle se montra si naturellement aimable que Jantet se demanda s'il ne s'était pas échauffé l'imagination. Son aventure de la sapinière lui avait laissé trop de méfiance. Ne se montrait-il pas injuste, et même odieux, en prêtant une telle noirceur à une femme presque cinquantenaire, à l'hospitalité si touchante et aux vertus ménagères si fortes? Il était quelquefois tenté de se confier à Lambert; lui, vivait dans la maison depuis six ans; il devait en savoir long sur la vie privée des Garrouste; il affectait souvent d'être excédé par les cajoleries de la patronne, et Jantet avait toujours à l'esprit quelques expressions malveillantes et lestes dont son camarade se servait pour illustrer son impatience... Mais Lambert ne lui inspirait pas assez de confiance. Pourtant, il était difficile, dans un cercle aussi étroit que la maison des Garrouste, de tenir longtemps un manège secret. Au surplus, Finotte ne s'embarrassait pas de discrétion; elle entrait dans la chambre de Jantet sous toutes sortes de prétextes et toquait à la porte comme un gendarme s'il s'obstinait à faire le sourd. A certains regards, à certaines attitudes, à un curieux mélange d'anxiété et d'ironie, Jantet avait compris que Lambert était au courant de son infortune.

Aux heures de liberté, il s'évadait de la boutique et s'égarait dans la campagne. Le soir, il entrait au café Barris. Lambert y venait aussi; il aurait voulu l'entraîner dans le « salon » où se tenaient les jeux d'argent, ne fût-ce que pour lui donner un aperçu de sa force, mais Jantet s'y refusait par timidité. Il s'installait dans la grande salle, derrière les joueurs de manille ou de solo, et se contentait de recueillir les échos venant de ce lieu de perdition.

Bientôt, il tomba amoureux d'Honorine. C'était la nouvelle servante du café. Les premiers temps, il n'y prêta pas une attention excessive. Il imaginait l'amour comme une épreuve redoutable; le visage dont on l'affublait parfois autour de lui, ce qu'en disaient des camarades souvent grossiers, n'étaient pas pour le rassurer. Et pourtant, à des éveils précis, à des curiosités impérieuses, à des bouffées de tendresse et de désir qui le prenaient sur le passage des jolies filles, il comprenait que lui aussi était à la recherche de cette chose qui préoccupe davantage la jeunesse que le pain. Lorsqu'il aperçut Honorine pour la première fois, il éprouva un sentiment presque douloureux de compassion. Ce n'était pas une de ces gotons sur lesquelles Barris jetait d'ordinaire son dévolu, mais une frêle jeune fille, toute bouleversée par la curiosité dont elle se trouva, de toutes parts, être l'objet. Il la plaignit d'abord un tel métier et un tel milieu avec les couleurs – à vrai dire assez fanées – de l'innocence, et quelques semaines durant, il s'en tint à cette impression mélancolique. Par la suite, et sans qu'il sût pourquoi, ses sentiments changèrent; il se mit à penser à elle avec tendresse, puis avec un sombre emportement. Son assiduité ne fut pas remarquée tout de suite; il défaillait rien qu'à la pensée de parler à Honorine, mais ce fut elle qui fit le premier pas. Il sentit tout de suite qu'elle le traitait en enfant; elle était en effet moins jeune qu'il ne lui avait paru tout d'abord. Il n'avait pas pensé à ce gros obstacle. Mais il exagérait son sérieux, et sans doute que cette métamorphose inclinait la servante à réfléchir, car il était un des rares clients avec lequel elle se montrait volontiers grave.

Dès lors, Jantet fut plein d'elle. Il y pensait tout le long du jour. Il commençait à souffrir, éprouvait de la haine pour ceux qui l'approchaient, la couvaient de leurs regards, la taquinaient sans grâce. L'amour, eh bien! il savait un peu comment c'était maintenant... C'était ce pincement au cœur, cette pâleur envahissant son visage et gagnant les tempes comme un froid subit. C'étaient ces intolérances qui le remuaient au plus profond des entrailles. L'amour devait prendre plus tard, pour lui, un visage harmonieux et apaisant, mais, à ce moment, ce fut sous cette forme qu'il le connut : comme une torture, un élancement perpétuels, comme un monde vertigineux où il se cassait la tête de tous côtés.

Il commença à se préoccuper davantage de sa toilette et de son maintien, il peignait soigneusement ses cheveux, se rasait, se lavait sous la pompe avec des frénésies de monstre marin. Ses vêtements et ses chaussures devinrent l'objet d'un continuel souci. Ces transformations ne manquèrent pas d'intriguer Finotte, mais contrairement à ce qu'il attendait, elle les encourageait, devenait un témoin plein de sympathie, un peu comme une mère qui regarde avec orgueil son enfant muer... Le père Mathieu se contentait de lui cligner de l'œil et de le plaisanter hardiment... Il n'y avait que Lambert qui parût indifférent; il était, en effet, très préoccupé de lui-même; il consentit pourtant, une fois, à remarquer que Jantet copiait ses façons. Jantet faisait en effet sa raie du même côté que lui, tout près de la tempe, le reste de la chevelure rejeté sur le dessus de la tête; il arborait des cravates de couleurs vives semblables aux siennes. Lambert s'inquiétait du prix, tâtait l'étoffe et concluait invariablement : « On t'a vu venir de loin! »

Jantet regardait aussi avec d'autres yeux le mobilier de sa chambre, l'armoire où il rangeait son linge, la table de toilette avec sa cuvette à fleurs, sa savonnette au gros parfum. Le miroir avait pris soudain une importance capitale. Jusqu'alors, il était si fortement incliné que, pour s'y mirer, Jantet était obligé de se livrer à une vraie gymnastique; cela lui avait paru tout à coup intolérable; et le jour où il modifia l'inclinaison du miroir de façon qu'il pût s'y voir sans effort, il lui sembla qu'il venait d'éclairer son existence d'une joie nouvelle.

Un dimanche qu'il était occupé à fignoler sa fameuse raie sur le côté, animé d'une gaieté, d'une insouciance qui en disaient long sur la bonne marche de ses affaires, Finotte entra dans la chambre. C'était le matin. Un soleil léger papillonnait dans la pièce. Le printemps remontait la vallée depuis quelques jours, et Jantet se sentait une âme primesautière. Il resta un moment sans attacher d'importance à cette arrivée. Mais, dès que Finotte s'avança vers lui, sa grosse figure pâlie par l'émotion, il ressentit une terreur enfantine. Il lui avait vu ce visage plusieurs fois, mais jamais encore il n'y avait discerné une volonté aussi alarmante, le besoin pressant et presque cruel d'aboutir. Finotte tourna un moment dans la chambre, le complimenta sur sa coquetterie, la gentillesse de plus en plus vive de ses manières, et ce ne fut que lorsqu'elle le crut complaisant qu'elle le supplia de l'écouter et de lui pardonner sa passion... Jantet l'écoutait, bouche bée, le peigne en suspens, vaguement horrifié, un peu comme si une pieuvre eût fait siffler son premier tentacule au-dessus de sa tête. Et puis, il ne sut quelle lâcheté ni quelle pitié se mêlèrent à son effroi; il ne comprit pas comment il put supporter sans crier ce qui suivit. Il revit dans un éblouissement toute une série de visages que la circonstance exaltait : les yeux de crime de Miquel Vilanova, le rictus gouailleur de Lambert, le front blanc d'Honorine et jusqu'à la figure ahurie du père Mathieu... Il se sentit extrêmement anxieux et en même temps curieux de ce qui allait advenir... De ces combats contradictoires entre ses remords, sa peur et sa curiosité, Finotte ne se souciait guère. Elle le devina à sa merci. Il avait lâché machinalement son peigne. Et déjà, dans le soleil léger du matin, dans la clarté, impitoyable pour elle et pour lui, elle le maniait avec tendresse dans ses gros bras blancs...

Après cette expérience, une vie inquiète commença pour Jantet. Maintenant qu'elle le savait vaincu, Finotte n'exerçait ses nouveaux droits que de loin en loin et avec une extrême prudence. Elle le couvait comme il l'avait vue naguère couver Lambert. Il s'en voulait de n'avoir pas été plus perspicace. Pourtant, il ne parvenait pas à ressentir une véritable révolte; la tyrannie de Finotte lui pesait et, en même temps, il en éprouvait une sorte de fatuité et de gratitude. Certains jours, sa tête

tournait; tout lui semblait laid; il se trouvait hypo-
crite et lâche; la vue du père Mathieu aiguisait ses
remords. Comment cet homme vaillant et bon pouvait-il être impunément berné et ridiculisé par une
femme indigne et deux petits vauriens sans scrupule? Il lui prenait de furieuses envies de lui avouer
leur malheur commun, car il s'estimait être aussi
déshérité que lui. Mais, lorsqu'il imaginait la douleur et la colère du forgeron, il jugeait préférable de
se taire.

Sa seule consolation, c'était Honorine. Il y pensait
tout le temps, en besognant, en mangeant, en se
couchant, en s'éveillant, et même lorsque Finotte,
au terme de longues et patientes manœuvres, le
contraignait à se rendre.

VII

Tous les soirs, maintenant, Jantet s'attardait au café Barris. Il pouvait tout à son aise guetter les allées et venues d'Honorine et glaner de temps à autre un signe amical ou un sourire. Mais dès qu'il la voyait entrer dans le « salon » aux jeux clandestins, d'où on l'appelait avec des cris d'une familiarité révoltante, il devenait nerveux et sombre. Souvent, elle reparaissait le feu aux joues, d'autres fois toute pâle, comme si elle venait d'échapper à un danger. Cela décuplait sa nervosité. Il déplorait que le sort l'eût mise en contact avec tant d'hommes; il la croyait en péril; si elle lui avait offert de la protéger contre leur grossièreté ou leur audace, il eût tenté quelque chose, et peut-être même quelque chose d'héroïque. C'était surtout la nuit, en rentrant de ces veillées ardentes, qu'il ruminait des projets de délivrance. Il était sous l'influence de lectures récentes où l'amour triomphait sous des formes audacieuses et chevaleresques. Pour peu qu'Honorine l'eût encouragé, il lui eût volontiers offert de fuir, d'affronter l'inconnu avec lui. Au matin, il revenait à un plus juste sentiment de la réalité.

Il s'était décidé à suivre Lambert au « salon ».

C'était un local étroit et tapissé de papier à fleurs; il y avait une grande glace au cadre doré où personne ne se regardait. Les parties de cartes se déroulaient dans le bruit des verres rincés et les arômes mêlés des boissons. Des voix et des rires de femmes arrivaient de l'office, et il était rare qu'un des joueurs n'y fît pas écho par quelque polissonnerie.

Trois ou quatre joueurs tranchaient sur le lot. Celui qu'on appelait le Commandant était un petit homme rond et jovial, vigneron de profession. Il disputait à Lambert l'honneur d'organiser la « tablée », les soirs où les amateurs se montraient réticents; on ne montait jamais une partie sans s'enquérir de sa participation et ses absences étaient commentées comme des événements extraordinaires. Au jeu, il abandonnait cette apparence de gaieté et d'amabilité qu'il montrait dans la rue, fixait les petits tas d'argent placés devant chaque joueur de toute la vigueur de ses yeux soudain cruels, et ses relances faisaient l'effet de coups de tonnerre. On le flattait, on l'amadouait en vain. Il eût assassiné père et mère plutôt que de montrer un semblant d'indulgence. Il aimait s'acharner sur Salvagnac le plâtrier, dont le plâtre marchait bien, et dont le regard irrité faisait penser à celui d'un taureau banderillé. Une autre de ses bêtes noires était Lavergne l'entrepreneur, un homme d'une cinquantaine d'années, aussi faraud que fortuné.

Lavergne s'attablait toujours en retard, congestionné par son dîner, et il annonçait invariablement :

« C'est ce soir que je vous rafle cent douros? »

On le regardait et on riait complaisamment pour

attiser cet optimisme qui lui coûtait si cher. Les plus malins feignaient de considérer son arrivée comme un malheur personnel, et d'autres, que la fierté n'étouffait pas, disaient :

« Cent douros! Vous n'êtes pas fou! Si c'était vous qui les perdiez encore, tout le monde sait qu'ils ne vous manqueraient pas! »

Mais Lavergne ouvrait largement son portefeuille duquel les regards se détournaient comme d'une menace terrible.

En réalité, personne ne craignait Lavergne, au *flor*. C'était la vache à lait. Il perdait souvent. Lorsqu'il était fortement cavé, sa superbe tombait. Il rongeait silencieusement son frein. Personne ne le plaignait. On ne commentait pas ses coups malheureux comme il est d'usage quand on veut atténuer la peine d'un malchanceux. C'était le plus seul et le plus désarmé des hommes.

En dehors de ces privilégiés que Jantet regardait perdre leur argent sans émotion, et même avec un plaisir secret, il y avait des pauvres dont la passion le faisait passer de l'indignation à la pitié. C'étaient des ouvriers agricoles, des mineurs d'Escaro, quelque garçon coiffeur. Il s'en fourvoyait toujours quelques-uns dans la dizaine. C'étaient les parents pauvres de la tablée. Ils tenaient une petite place entre Lavergne et le Commandant, ou entre Salvagnac et Lambert. On voyait mal leurs figures noyées par l'ombre des casquettes, mais on était ému par le manège de leurs mains énormes et cependant tremblantes, leurs mains posées côte à côte sur le tapis, toutes honteuses et pourtant préoccupées de cacher aux regards des voisins des mises modestes, tombées, après un revers, à moins de vingt sous. Ils se savaient tolérés, souvent en butte à des allusions malveillantes; lorsque l'un d'eux était parvenu à amasser une petite fortune, Lavergne ou le Commandant s'avisaient de demander à voix haute « si certains se figuraient que la saison de la tonte était arrivée... » On ne les excluait jamais de la table cependant, car les riches étaient trop occupés par leurs jalousies et leurs rancunes mutuelles pour détourner leur ressentiment vers un aussi modeste gibier.

Dans ce milieu, Lambert faisait brillante figure. Toujours soigné de sa personne, on remarquait à peine que ses mains étaient brûlées par le métier. Il avait de l'argent; ou bien, sur un signe de tête, il trouvait prêteur. Au début des parties, il ne jouait que des sommes strictes et défendait ses premières « caves » avec une volonté, une âpreté extraordinaires. Il promenait ses yeux ardents sur les enjeux, les ramenait sur son avoir, d'abord inquiet comme une poule sur son perchoir, si effacé qu'on finissait par oublier sa présence. Mais dès qu'une série de coups heureux le mettait en possession d'une somme respectable, il se carrait et changeait brusquement de tactique. Il entrait dans toutes les bagarres, forçait le train; d'insidieux il devenait agressif; d'effacé, il passait au premier plan. Alors, on voyait Salvagnac, le Commandant, et Lavergne lui-même, s'émouvoir, serrer le jeu et tourner leurs batteries vers le nouvel ennemi.

Jantet ne pouvait s'empêcher d'admirer Lambert. C'était le joueur le plus complet du cercle. Parti de peu, il poussait son avantage le plus loin qu'il pouvait et ne se laissait pas griser par la réussite. Le *flor* est un poker rudimentaire, avec une gamme de combinaisons moins riche, un poker où le *flush* se fait à trois cartes où la relance a des rebondissements lents et prémédités. Aux nervosités, aux précipitations, aux tics de certains joueurs, Lambert pressentait infailliblement les dangers, et il s'abstenait dans les coups où, comme il le disait, « il y avait de la plume à perdre ». Mais lorsqu'il se trouvait en possession d'un gros jeu, il savait se dominer pour ne pas en compromettre la vertu, s'effaçait devant la relance d'un adversaire pressé, laissait les étourdis s'enferrer, les roublards hasarder leur chance, et soudain, alors que personne ne comptait sur lui, risquait son va-tout d'une voix sépulcrale, et qui, en effet, produisait à la plupart l'impression d'un glas.

Un soir que la chance lui souriait, Jantet le vit ramasser plusieurs pièces d'or; elles criblaient de leur splendeur le tas de pièces d'argent et de billon. Il avait beaucoup plus de cent francs devant lui. Jantet s'était senti envahi d'un vertige, d'une véritable peur aussi. Il regarda attentivement Lambert. Celui-ci ne paraissait pas ému; il transpirait un peu; mais quelque chose de félin et de cruel s'éveillait sur son visage. Un peu avant la fin de la partie, en trois coups, Salvagnac et Lavergne le dépouillèrent des trois quarts de son bien. Deux *trente-et-un* battus par un *flor* hasardeux... Un vrai miracle!

Ce soir-là, Lambert rentra à la forge en même temps que Jantet. Ce ne fut qu'alors qu'il commença à geindre et à maudire Lavergne.

« Tu as vu! dit-il. Il a tenu relance et sur-relance avec rien! Le Commandant s'est sauvé avec *vingt-neuf*... Dans ce coup, vois-tu, c'était le jeu de filer avec un *trente!* Mais j'aurais jeté mille douros sur le tapis qu'il aurait tenu! Il me déteste tellement! »

Jantet ne tarda pas à s'expliquer la haine des deux hommes. Lavergne était un coureur de cotillons; il faisait des conquêtes dont peu d'hommes eussent songé à tirer vanité, car les femmes d'Evolette n'étaient pas toutes belles; mais il aimait ajouter un nom à son palmarès. Il était si vaniteux qu'on ne pouvait parler devant lui du plus sordide souillon comme de la femme la plus huppée du village, sans qu'il prît un air entendu qui autorisait toutes les hypothèses. La réputation de Lambert, lorgné par maintes jeunes filles et même, disait-on, quelques femmes mariées d'Evolette, lui portait de toute évidence ombrage. Il ne pouvait vraiment balancer les avantages de Lambert qu'avec son argent. Depuis quelque temps, la lutte avait pris une forme acharnée, aiguë. L'ombre de quelque femme disputée devait se mêler à leurs rancunes. Hélas! une grosse désillusion allait naître pour Jantet de l'antagonisme des deux rivaux...

C'était quelque temps après qu'il avait osé avouer son amour à Honorine. Le jour de ses dix-sept ans. Il avait choisi cet anniversaire comme celui de l'aveu, s'imaginant qu'il était devenu un homme et pouvait affronter n'importe quelle épreuve; car c'est une grande épreuve que de déclarer son premier amour. Avec un sourire ému, un peu triste, Honorine l'avait dissuadé de l'aimer, invoquant leur différence d'âge, d'autres raisons, embuées de pudeur et de mystère. Elle s'était exprimée calmement, sur un ton fraternel qui reculait un peu l'espérance. Mais les paroles importaient si peu... Jantet n'avait pas cherché à connaître l'âge d'Honorine, ne s'inquiétant que des obstacles secrets. Il se sentait décidé à attendre qu'elle fût délivrée de mystérieux soucis, et espérait chaque jour, naïvement, un signe d'elle.

A partir de ce moment, il considéra Honorine comme un peu engagée avec lui. Son assurance, la chaleur de ses regards, paraissaient pourtant la gêner. Elle avait pris une attitude nouvelle, ne s'abandonnait plus jusqu'à lui sourire comme avant; pour tout dire, elle semblait l'éviter. Alors, la jalousie, qui s'était peu à peu assoupie dans le cœur de Jantet, se réveilla; elle le poussait à fréquenter assidûment le « salon ». Il pressentait que, si Honorine avait vraiment des risques à courir, c'est là qu'il les découvrirait.

Honorine n'entrait au « salon » que pour servir. Lavergne commandait des liqueurs ou de vieux cognacs qu'il réchauffait dans son poing avant de boire. Au premier de ses appels irrités, on entendait Honorine abandonner sa besogne dans l'office. Elle paraissait, les traits creusés de fatigue, mais s'efforçant de prendre un air enjoué. Elle riait même lorsque Salvagnac lui ouvrait tout grand ses bras en barissant : « Aï! que je t'aime! » et n'étreignait en fin de compte que le petit verre qu'elle apportait, son véritable amour. Mais elle se gardait des entreprises des autres. Entre le rond des chaises et les murs, il n'y avait qu'un petit espace où ils s'amusaient à la coincer. La plupart semblaient avoir des droits sur elle. Et ceux que l'âge, la timidité, ou quelque circonstance particulière empêchait de se montrer ouvertement amoureux, la regardaient avec des yeux parfois plus odieux que des gestes.

Lavergne attendait sa consommation sans mot dire. Ses yeux parlaient pour lui. C'étaient des yeux autoritaires, des yeux de maître. Honorine paraissait gênée par ce regard qui ne se détachait pas d'elle et semblait exercer un insupportable contrôle sur ses moindres mouvements. Lambert, cependant, gardait une attitude pleine de réserve. A plusieurs reprises, il avait parlé d'Honorine avec dédain. Aussi Jantet était-il très surpris de le voir sortir de son indifférence lorsque la servante paraissait, et toiser d'un mauvais œil ceux qui se montraient trop grossiers avec elle. Mais le jeu reprenait tous ces hommes dans son engrenage infernal. Et du passage d'Honorine, il ne restait bientôt plus de traces qu'un peu de douleur dans le cœur de Jantet.

Un soir que Lambert s'était absenté de la forge de bonne heure, Jantet constata avec surprise qu'il ne paraissait pas au « salon ». Lavergne lui demanda ironiquement ce qu'il avait fait de son ami. Plus, il se livra à toutes sortes de réflexions malveillantes. La veille, à propos d'un coup de cartes, ils s'étaient empoignés, et Lavergne laissait entendre que Lambert était son obligé, qu'il ne reparaîtrait au « salon » que lorsqu'il le lui permettrait... Jantet ne put y tenir. Il prit la défense de Lambert. Mais Lavergne le toisa avec mépris et lui dit :

« Toi, montagnol, tu es trop jeune et trop tendre pour te mêler de mes affaires! Lambert, ça ne regarde que moi! »

Jantet rentra en hâte à la forge. Lambert s'était mis au lit de bonne heure. Il écouta Jantet, les sourcils froncés, comme s'il estimait lui aussi qu'il était « trop jeune et trop tendre pour se mêler de ses affaires ». Pourtant, il finit par s'abandonner et inclina la tête.

« Ah! dit-il enfin, mon pauvre Jantet... Tu ne peux pas comprendre... Il me tient! Je lui dois de l'argent!

– Tu lui dois beaucoup? demanda Jantet.

– Que veux-tu que je te dise... J'ai perdu le compte... Il m'en a prêté à plusieurs reprises, devant témoins... Quand je voulais rembourser, il me disait que je lui rendrais le tout à la fois!

– Ecoute! dit Jantet, un moment consterné par cette révélation, il faut être courageux! Si tu veux, tu peux payer ta dette! Si je devais même une fortune à un homme comme celui-là, je me tuerais pour la rendre! »

Lambert haussa les épaules.

« Ce n'est pas les dettes qui me tracassent! dit-il. Si je voulais, tu entends, ces dettes seraient annulées tout de suite! Mais Lavergne exige une chose...

– Quoi? fit Jantet avec passion.

– Quoi... quoi... Je ne puis pas t'expliquer... C'est une affaire de femmes... »

L'orage est sur les blés mûrs,
Le milan sur la nichée...

chantait, dans le temps, l'oncle Antonn. Hélas! l'orage allait aussi crever sur l'amour de Jantet. Après son algarade avec Lavergne, il n'avait plus osé paraître au « salon ». La pensée d'Honorine l'obsédait pourtant et ce fut pour la revoir qu'il retourna chez Barris. La salle était à peu près déserte. Dès que la servante l'aperçut, elle vint en courant jusqu'à lui, et après avoir jeté un coup d'œil furtif du côté de l'office d'où le patron pouvait surgir, elle s'assit en face de lui.

« Il y a plus de huit jours qu'on ne vous avait vu! dit-elle. C'est pour votre dispute avec Lavergne, hein?

– Oui... dit Jantet, défaillant de bonheur de la voir si préoccupée de ses ennuis.

– Et Lambert? reprit-elle. Que fait-il?

– Oh! Lambert... fit Jantet, du ton dont on se débarrasse d'un sujet sans importance.

– Il ne viendra pas? Vous ne savez pas s'il viendra ce soir? Il ne vous a rien dit?... »

Elle était nerveuse. Sa bouche tremblait un peu. Barris interrompit la conversation plusieurs fois. Mais Honorine retournait auprès de Jantet comme une mouche qu'on chasse. Et chaque fois, le nom de Lambert revenait dans ses questions. A la fin, elle fouilla dans son corsage et remit à Jantet une lettre toute chaude du contact de sa peau.

« Tenez! dit-elle. Portez-la tout de suite! »

Jantet se trouva dans la rue. Il fit quelques pas en chancelant. Une douleur cheminait sous son front. Il regarda la lettre sous une lumière. L'adresse de Lambert était tracée à l'encre violette. Il ne douta pas une seconde que ce fût Honorine qui l'eût écrite. Il commençait à comprendre. La femme que Lavergne et Lambert se disputaient, c'était elle!

Il n'eut pas le courage de rentrer tout de suite à la forge. Il sortit du bourg par la grand-route. La nuit était noire. La rivière mugissait. Il sentait son désespoir enfler. Un sanglot le secoua. Cela lui fit du bien. Cela lui fit honte... Eh quoi! il condamnait Honorine sur une présomption aussi frêle? Etait-ce bien elle qui avait écrit cette lettre? Ou alors, n'était-ce pas simplement par sympathie ou pitié? Honorine était une bonne fille, chacun savait cela... Cette lettre qu'il lui était venu à l'idée de lire, puis de déchirer et disperser aux quatre vents, voilà qu'il tremblait de la tenir encore dans ses mains. Elle portait peut-être un avertissement ـurgent, le salut...

Il retourna vers le bourg à grandes enjambées, monta comme un chat l'escalier de la forge. Il y avait un filet de lumière sous la porte de Lambert.

« Tiens! dit-il, c'est de la part d'Honorine! »

Lambert était assis devant sa tablette. Il tenait ses jambes écartées. Il avança sa grosse main et saisit l'enveloppe. Dans le mouvement qu'il fit, il démasqua une feuille sur laquelle il avait tracé quelques lignes maladroites. Une lettre... Une lettre à Honorine sans doute...

Jantet sortit de la chambre la tête bourdonnante. A travers la cloison, il écouta Lambert se promener un long moment. La lettre d'Honorine ne lui avait pas apporté la paix. Aux approches de minuit, Jantet l'entendit se glisser dans l'escalier. Alors, une curiosité ardente le souleva. Il descendit derrière lui.

La ruelle était noire. Instinctivement, il se dirigea vers le café Barris. L'établissement venait de fermer; on voyait un peu de clarté aux tentes de la devanture; puis, cette clarté s'éteignit. De l'encoignure où il s'était figé, il vit une ombre dandiner devant lui, puis s'arrêter sous les fenêtres. Lambert siffla. Dans le rectangle éclairé, Jantet vit distinctement Honorine s'incliner, son bras blanc onduler. Lambert s'engouffra dans le bas de l'immeuble, et la lumière s'effaça.

Alors, Jantet rentra. Des sanglots se formaient dans sa poitrine. Il s'entravait à chaque pas.

Il se jeta tout habillé sur son lit. Et, toute la nuit, il se colleta avec son désespoir.

VIII

LES mois passaient. Un nouveau printemps venait. A mesure que la passion de la nature gonflait dans ses bourgeons, ses fleurs, ses eaux grondantes et ses oiseaux, Jantet se sentait rasséréné. Après avoir détesté Lambert, il le jugeait plus équitablement. Tout l'hiver, l'ouvrier avait mené une vie inquiète. Il sortait de la forge lorsque les gens se couchaient. Jantet entendait ses chaussons émouvoir le parquet et il savait qu'il allait rejoindre Honorine. Sa jalousie s'était dissipée peu à peu pour faire place à un sentiment mélancolique. Plus tard, il avait appris que Lambert était retourné au jeu. Lavergne et lui vivaient dans un état de tension extrême; les échos de leurs disputes faisaient le tour du village et il semblait qu'un drame ne tarderait pas à éclater entre les deux hommes.

Jantet passait une partie de ses dimanches au bord de la rivière. Maintenant qu'il avait vaincu sa douleur, il se gardait désespérément de l'autre danger, de ce qu'il n'osait nommer l'amour de Finotte, cette passion qu'il décourageait de toutes ses forces, par des dédains, des résistances et des affronts. Il emportait parfois un livre. Il revenait libéré, et son visage reflétait à ces moments-là une telle quiétude et une telle indulgence qu'il en semblait mûri et promu au rang d'homme. Lambert s'était avisé de ce changement. Il se rapprochait de lui. Ils avaient fait ensemble quelques parties de pêche, et Jantet espérait qu'il lui confierait sa peine, un jour où il serait plus abattu que de coutume. Il guettait ses défaillances. Mais chaque fois il était déçu. Lambert gardait ses secrets.

A la Pentecôte, les Garrouste décidèrent de s'absenter deux jours pour se rendre auprès de la mère de Finotte tombée malade. De son côté, Jantet décida de monter à Jau-de-Capcir et il en fit part à tous, la veille du départ. A cette annonce, il vit Lambert pâlir et perdre cette contenance virile qu'il affectait toujours en société.

« Alors, toi aussi tu t'en vas! dit-il. Vous me laissez seul? »

Le vieux Garrouste prit le parti de rire, mais Jantet comprit que le désarroi de Lambert n'était pas simulé. De toute évidence, il avait peur de la solitude, et c'était une peur élémentaire, une peur d'homme traqué. Aussitôt, il fut comme inspiré par cet aveu de faiblesse qu'il attendait depuis longtemps, et, se tournant vers Lambert, il lui dit :

« Si tu veux monter avec moi à Jau, tu me feras plaisir! »

Le matin, en attendant le départ de la diligence, Lambert éprouva subitement le besoin de changer le but de voyage, de revoir Mont-Louis, Valmigère, les lieux où il était passé, tout enfant, en compagnie de son père. Jantet sacrifia sans trop de remords la visite à père et Julie. N'était-ce pas pour lui l'occasion d'une visite à tante Irma qu'il n'avait pas vue depuis quatre années et qui ne donnait plus signe de vie?

La diligence les porta jusqu'à Mont-Louis. On arrivait à l'été; le soleil était vif, mais le temps restait froid dans l'altitude. Lambert s'arrêta un moment sur la place du village et fit voir à Jantet le lieu où son père creusait le trou du soufflet, l'anneau où il attachait le mulet. Il était attendri par le souvenir. Ils abattirent d'un pas allègre les quelques lieues qui séparent Mont-Louis de Valmigère. La marche les réchauffait. Une joie profonde travaillait Jantet au contact de l'air pur du plateau. Il lui semblait que le pays entier lui appartenait, et les gestes du travail, dans les cultures, lui faisaient l'effet de saluts affectueux... Le mas était situé à quelques centaines de mètres de Valmigère. Ils l'aperçurent de loin. Jantet appréhendait l'accueil que tante Irma allait lui faire... Malgré cela, il ne pouvait se défendre d'une certaine tendresse, d'une certaine curiosité aussi... Ce fut le vieux domestique qui répondit à son appel. On l'appelait Père Piu. C'était un brave homme. Il ne reconnut Jantet qu'au bout d'un moment. Puis, il se mit en quête de sa maîtresse, et il sembla à Jantet qu'il n'y mettait nul empressement, comme s'il eût considéré d'avance que la surprise ne lui serait pas agréable... Tante Irma ne parut pas, en effet, enchantée. Elle embrassa Jantet sans chaleur et eut pour Lambert un regard sans complaisance.

Lambert essaya d'animer le repas par des questions, mais tante Irma les éludait et feignait d'oublier sa présence. Elle s'intéressa à la nouvelle vocation de Jantet, s'excusa de ne pas avoir répondu à ses lettres, invoqua le travail, les soucis, la vieillesse. A aucun moment, elle ne parla de ses frères. Puis, elle fit comprendre aux jeunes gens que les exigences des champs ne lui permettaient pas de s'occuper davantage de leurs personnes. Elle les poussa dehors, verrouilla la porte, et s'en fut du côté d'un pré qu'on voyait miroiter entre les arbres. Jantet était consterné. En lui voyant les yeux mouillés de larmes, Lambert se moqua.

« Vrai! dit-il, elle est encore plus drôle que je ne pensais, la vieille! Pour une tante à héritage, elle a plutôt l'air serré! »

La déconvenue de Jantet, jointe au ridicule de la situation, mettait Lambert de bonne humeur. Jantet ne l'avait jamais vu aussi gai. Ils traînèrent une partie de l'après-midi autour de la ferme. L'attitude de tante Irma fit les frais de leur conversation. Jantet s'obstinait à lui trouver des qualités, et Lambert accueillait toutes ces excuses en ricanant joyeusement. Comme la journée finissait, ils décidèrent de rentrer à Mont-Louis. Jantet se mit à la recherche de tante Irma pour lui faire ses adieux. Il la trouva assise sous un pommier, à la lisière d'un de ses champs. Elle vint à lui d'un air mécontent.

« Ça m'a fait plaisir de te voir! dit-elle. Mais j'aurais préféré que tu viennes seul...

— Oh! fit Jantet, c'est un camarade de travail...

— Ça ne fait rien... reprit-elle. Je n'aime pas que des étrangers se mêlent de mes affaires! C'est celui-là qui t'a appris à jouer et à faire le malin dans les cafés? »

Jantet ouvrit de grands yeux étonnés.

« Oui, va... je sais tout ce que je dois savoir! On commence par dire du mal des notaires, et puis on finit en prison, comme ton voyou d'oncle! »

Jantet ne se défendit pas. La stupeur et le chagrin lui clouaient les lèvres. La complicité de sa tante et de maître de Montredon, dont il se souvenait d'avoir fait quelquefois le procès, lui apparut soudain comme une chose diabolique. Dans un sursaut d'indignation, il tourna le dos à sa tante et rejoignit Lambert sur le chemin.

« L'oncle Antonn a raison! dit-il, en entraînant son camarade. C'est une femme sans cœur! Je ne la reverrai plus jamais! Si elle a de l'argent, eh bien, elle peut crever dessus! »

Ils couraient plus qu'ils ne marchaient. Comme ils sortaient du domaine, ils aperçurent la silhouette de Père Piu, derrière une haie.

« Ah! pensa Jantet, pauvre homme! Il est sans doute chargé de nous surveiller! »

Ils arrivèrent à Mont-Louis en pleine nuit, couchèrent dans la même chambre. La colère de Jantet était tombée. Lambert lui marquait une amitié qui le vengeait de sa désillusion. Comme ce jour lointain où, au bord de la rivière, il s'était épanché, il reparla de sa vie. Le nom d'Honorine vint sur ses lèvres sans que Jantet tressaillît.

« Tu en étais amoureux, dans le temps, hein, Jantet? dit-il. Elle m'avait expliqué... Tu lui faisais de la peine... »

Il jouait avec sa chaîne de montre.

« Je l'aime bien... reprit-il. Beaucoup plus que tu ne crois! Mais à quoi ça me mènera?

– Avec du courage et de l'honnêteté, tout se passera bien! » dit Jantet.

Lambert hocha la tête pour montrer qu'il ne croyait pas à ces remèdes.

« Si tu savais! dit-il. Je dois de l'argent à Lavergne, à Barris, à Finotte même! L'argent! Dire que certains en ont qui n'en font rien, qui le cachent sans doute au creux de leur paillasse. Moi, je suis pris à la gorge! J'ai signé des papiers... Barris ne veut plus attendre... Et Lavergne ne demande qu'une chose : que je m'en aille du pays... Je sens que si je reste à Evolette, il m'arrivera du mal!

– Et alors? dit Jantet, ébranlé par le noir tableau, tu vas t'en aller?

– Promets-moi que tu n'en souffleras pas mot!

– Je te le promets!

– Ni surtout aux Garrouste, hein?...

– Sois tranquille!

– Eh bien! J'ai devancé l'appel! J'attends de partir au régiment d'une semaine à l'autre! Je suis revenu au café Barris pour gagner du temps...

– Mais il te retrouvera partout, ton Barris, si tu as signé des papiers!

– C'est vrai! fit Lambert soudain assombri. Je n'avais pas pensé à ça!

– Et Honorine? » dit Jantet.

Lambert parut ne pas entendre la question. Il pensait à Barris qui pouvait gâter son entrée dans la carrière. Il jeta à Jantet un regard contrarié et sombre.

« Honorine, dit-il, elle est d'accord... Elle sait qu'elle doit attendre... C'est une question d'un ou deux ans, le temps que je prenne du grade... »

Il jouait toujours avec sa chaîne de montre. Une breloque pendait à un bout. C'était une humble médaille jaune, au dos de laquelle les initiales de Lambert et d'Honorine étaient naïvement entrelacées.

IX

A LA fin de l'été, Jantet décida de se louer aux vendanges. Septembre était arrivé. Une immense douceur pénétrait la vallée. Les migrations de vendangeurs, hommes, femmes et enfants mêlés, commençaient. Les vendanges! C'était le mot magique que Jantet entendait prononcer, tous les ans à la même époque, depuis sa plus tendre enfance. Les gens de la montagne s'exilaient alors pour quelques semaines, puis ils revenaient, tannés, enivrés de fatigue et de soleil, les poches vibrantes de sous. C'était un mot miroitant, se rapportant à une chose magnifique et lointaine, un mot illustrant une véritable aventure.

Le travail de la forge se ralentissait après les rudes journées de juillet et août où les clients enlevaient des mains des forgerons les socs et les serpes encore fumants de la trempe. Le père Mathieu avait fait bon accueil à la demande de Jantet, et Finotte elle-même, encore toute endolorie par la mort de sa mère, l'avait encouragé à partir.

Une nuit, il s'embarqua sur une de ces lourdes charrettes qui s'ébranlent aussi solennellement qu'un paquebot dans le port. Il prit place comme il put sur un siège et se fit l'effet d'un coq qui dérange la volaille sur le perchoir. Des femmes et des jeunes filles en foulard étaient pressées autour de lui; des yeux luisaient et le dévisageaient dans l'obscurité.

« Ne leur fais pas de chatouilles, hein! » dit le conducteur.

Ils roulèrent deux heures dans les ténèbres. Les croupes des chevaux luisaient sourdement dans la lumière des lanternes. Puis la nuit se défit lentement, et, avant Villefranche, tout devint blanc et fragile. Le soleil s'annonçait derrière les gorges. Il y avait là-bas comme un duel de poignards. Des crêtes s'allumèrent. Les voyageurs étaient plongés dans la lumière réfléchie, douce et rose, et qui donnait aux visages des teints de dragées. Bientôt le soleil les toucha. L'équipage sortit de sa torpeur. Il y avait quelques hommes, des Cerdans et des Espagnols taciturnes, et une majorité de femmes, toute une humanité timide, prématurément voûtée.

Après Villefranche, la vallée s'élargit tout d'un coup. La rivière jaillissait de la trouée comme d'un toril. Il sembla à Jantet que le monde s'ouvrait devant lui. Pourtant, ce n'était pas encore la plaine. Il n'osa interroger ses voisines, mais leurs conversations lui apprirent qu'on était arrivé en Conflent et qu'on devait faire escale à Ille. Bientôt, il aperçut les premiers vignobles de quelque importance. Des vignes, il en avait vu à Evolette, mais toutes maigres, sur la pierraille des coteaux. Là, de chaque côté de la route, entre les prairies et les champs, des lignes de ceps enfilaient les perspectives jusqu'aux collines de l'horizon, les chevauchaient parfois. Ils arrivèrent à Ille. Aux approches de la petite ville, la nature était si luxuriante, si rayonnante, qu'il en était ébloui. Les vergers de septembre, criblés de rouille et lourds de fruits, faisaient tourner lentement sous ses yeux leurs milliers de troncs polis. Les prairies scintillaient au soleil. C'étaient des tourbillons d'arbres au milieu d'herbages profonds et mouvants comme des mers. La route s'enfonçait sous des tonnelles de verdure, coupait la tranche des terres comme au couteau; hormis sa blancheur et sa poussière, tout était vert, jaune, rouge, d'un ton éclatant et frais. De ses derniers rayons, le soleil faisait vibrer la face des arbres et portait leurs ombres si loin dans les champs, d'une manière si hardie, qu'on aurait dit que la campagne avait entrepris une levée glorieuse, avec des colonnes, des trésors, des ombres épiques et des étendards... Jantet resta longtemps sous l'impression de ce spectacle. Son enfance venait de lui sauter à la gorge. Il était resté l'enfant du plateau, des sapins noirs, de l'herbe haute, des grands ciels libres... Il évoqua la forge noire, étroite, avec la fleur sulfureuse de son foyer, son odeur de corne et de fer, sa fumée salée, son roussi, ses bruits sans échos, et il lui sembla qu'il avait manqué sa vie... Toute sa jeunesse, et, à travers le sang, la vie de ses parents, de sa tante, de l'oncle Antonn, la vie des grands espaces, s'émouvaient en lui...

Au matin, on repartit pour Cazeilles, le village de Salanque où on devait cueillir. Il avait douze cents habitants. Il était tout près de la mer. Jantet l'avait pointé sur l'almanach. Il en avait rêvé deux jours durant. Soudain, après une interminable marche cahotante à travers le Roussillon, Cazeilles lui apparut. Une jeune fille se dressa près de lui pour le montrer. Des myriades de ceps tournaient autour. Les maisons émergeaient à peine; c'était un rassemblement de toits rouges et brûlés. Les routes, étroites, comme si le vignoble leur eût disputé la vie, étaient crevées d'ornières comblées d'une poussière dense et aveuglante. Une chaleur torride pesait sur le paysage et l'accablait. On approchait. La poussière envahissait les écarts, fardait les parapets, les terrasses, les façades. Quant à la mer, c'était une grosse ligne bleue et lointaine, comme une barre de métal posée à plat sur l'horizon...

Le lendemain, Jantet se préoccupa de la besogne qui allait lui incomber et il éprouva un peu d'émotion au départ pour la vigne, au milieu d'hommes sûrs d'eux-mêmes alors qu'il marchait vers l'inconnu. Il avait été engagé comme cueilleur, au même titre que ces adolescents avec qui il avait voyagé et que leurs faibles forces mettaient au rang et au salaire des femmes. Mais le propriétaire s'avisa de le trouver digne d'un autre emploi.

« Quel âge as-tu? lui demanda-t-il.

– Dix neuf ans! » dit-il.

Et il rougit aussitôt d'avoir menti.

« Dix-neuf ans, tu dis? On t'en donnerait vingt-cinq! Ça te dirait d'être *sumater*? »

C'était un travail exténuant. Il s'agissait de porter à l'orée de la vigne les comportes pleines de raisin tassé à la masse, des comportes de grand modèle dépassant les cent kilos. On se mettait à deux, et on allait entre les brancards, l'un devant, l'autre derrière, trébuchant sur les mottes comme des limoniers dans un mauvais chemin. Le compagnon de Jantet s'appelait Tiritt. C'était un homme paisible et fort. Il vivait dans un village des environs. A la considération que les hommes de l'équipe avaient pour lui, Jantet comprit que c'était un ouvrier d'élite. Ils s'entendaient bien. Tiritt le faisait passer devant, mais il prenait une part de charge plus lourde pour compenser l'effort que Jantet faisait dans une position incommode. D'autres fois, c'était Jantet qui faisait reculer les brancards pour distribuer plus équitablement la charge. Ces assauts de générosité rendaient la besogne moins pénible. Et les deux hommes se marquèrent de la sympathie dès le premier jour.

A la fin de cette journée, Jantet était si harassé qu'il eut à peine la force de manger et qu'il se traîna comme une bête fourbue, jusqu'à la grange où il devait passer les nuits. Il s'était cru durci par le travail de la forge et éprouvait une vive inquiétude pour le lendemain. Au lever, ses membres semblaient de plomb; ses bras tiraient sur ses épaules et sa nuque, comme s'il y avait toujours eu une comporte au bout; au moindre mouvement, des nœuds de douleur se formaient dans ses cuisses; il se sentait parcouru d'élancements de la tête aux pieds. Il eut besoin de toute sa fierté pour tenir. Il y eut aussi la contagion de tous ces courages autour de lui, de toutes ces plaintes et ces grimaces comiques avec lesquelles filles et garçons parlaient de leurs courbatures et de leurs misères.

Il souffrit de moins en moins, mais il sentait que les vendanges auraient de la peine à redevenir pour lui ces équipées joyeuses, ces belles aventures dont il rêvait enfant. Il y avait de jolies filles dans l'équipe. Et maintenant, malgré les froids perfides et mouillés du petit matin, les soleillées de midi, la touffeur des fins de jour, la vendange allait assez gaiement. On entendait encore des rires énervés, mais aussi des éclats frais, et parfois même, au bout du sillon, un bout de chanson cabriolait sur le vignoble et faisait lever les têtes... A la fin de la semaine, Jantet se trouva entouré d'amitié. Il était aux confins de l'adolescence et, pour les hommes mûrs, il gardait les privilèges d'un enfant, cependant qu'aux yeux des jeunes filles et même des femmes, il passait pour un homme. Fort comme il était, avec ses bras musculeux, son cou bronzé de jeune taureau, ses yeux enclins à la tendresse, il était admiré. Lorsqu'il circulait entre les cueilleuses, il voyait passer dans les yeux des plus vieilles comme un éclair affectueux, et les jeunes l'aiguillonnaient de taquineries sous lesquelles il sentait poindre le désir.

Aux repas, qu'ils prenaient sous de maigres ombrages, il y avait de longs silences. Tout le monde repassait ses souvenirs en mangeant, les yeux fixés sur les horizons flambants. Le vin glougloutait, les sacs se vidaient; l'ivresse des appétits satisfaits se mêlait à la langueur des fatigues. C'était une bonne heure où les yeux brillaient. Avec leurs cernes mauves, toutes les filles respiraient la passion. La casquette rejetée sur la nuque, la bouche grande ouverte par l'exigence des romances où les sentiments se traînaient en savates molles, des farauds chantaient. Soit qu'il pensât aux chants virils de l'oncle Antonn, soit qu'il fût un peu jaloux de ces conquérants, Jantet se sentait gêné, mais il applaudissait comme les autres.

Après le repas, il restait une pleine heure de liberté. Beaucoup s'isolaient pour faire la sieste. Les jeunes se livraient à toutes sortes de jeux. Il y avait des gages très recherchés. Parfois, un facétieux faisait dévier la plaisanterie en ressuscitant quelque grossière farce. Il s'agissait, par exemple, de savoir si un tel n'était pas châtré. La vérification se faisait dans les violences des uns et la résistance farouche de l'homme mis à l'épreuve. Les femmes s'égaillaient en éclatant de rire et en poussant des cris de pudeur offensée. Jantet ne pouvait se prêter à ce divertissement; d'un seul regard, il avait découragé le garçon qui l'avait proposé à l'attention des autres. Il se serait défendu comme un lion. Et les plus stupides avaient compris.

Les femmes n'étaient pas exclues de ces jeux bachiques. Le désir montrait soudain un peu de sa crête rouge. On leur faisait des *galls*. Un garçon en renversait une sur le gazon, la maîtrisait sous lui, comme un coq qui coiffe une poule, et lui marquait le front de ses dents. La jeune fille se défendait souvent avec vigueur. Il arrivait alors que la morsure entamât le front jusqu'au sang. D'autres fois, une poursuite s'engageait. La jeune fille était saisie et renversée comme dans une scène de viol; le couple roulait et luttait sur le gazon; une cuisse éclatante de blancheur et de vie jaillissait de la jupe retroussée. Et tout le monde s'étranglait peu ou prou.

Jantet s'était peu à peu rapproché de Nathalie Tibaut. Elle habitait le même village que Tiritt, et Tiritt la lui avait désignée, dès le premier jour, comme la plus digne d'amitié. C'était une jeune fille brune dont les yeux avaient l'éclat chaud, un peu brûlé, du rancio miré dans un verre. Il l'avait tout de suite aimée. Elle passait au milieu des familiarités sans être atteinte. Il la devinait, d'instinct, pure et douce, avec un joli petit cœur bien gonflé de tendresse, gonflé comme sa poitrine, comme ses hanches, comme ses jambes. Elle l'effrayait un peu, mais elle était si simple et si timide, elle aussi, qu'ils s'étaient vite accordés. Elle était l'aînée d'une famille de huit enfants, et Jantet était ainsi fait qu'il pensait à la pauvreté de Nathalie comme à une vertu qui l'aiderait à se rapprocher d'elle et à se faire aimer. Ce fut bien ce qui arriva. Durant toutes les vendanges, ils furent liés par une sympathie qui allait croissant. Et un soir, tout près de la grange que l'ombre commençait à envahir, à la juste limite du quartier des femmes et du quartier des garçons, il lui avoua son amour. Elle tremblait bien fort, car elle l'aimait aussi. Alors, avait commencé entre eux ce lent et long échange de serments qu'on nomme dans le pays, un *fasteig*, une idylle. Lorsque Jantet dut repartir pour Evolette et Nathalie pour son village, ils étaient sûrs l'un de l'autre...

Le retour à Evolette fut plein de mélancolie. L'automne rougissait les vignes. Les premières feuilles mortes couraient sur les routes. La campagne était secouée de cahots. Tout le long du voyage, Jantet ne cessa de penser à Nathalie. Il avait une grande confiance en elle. Ils s'aimaient bien. Ils sauraient s'attendre. Et pourtant, à chaque étape qui l'éloignait d'elle, il ressentait une sorte d'angoisse. Il éprouvait une peur sans objet précis, la peur la plus obsédante, la peur de la vie.

X

LORSQUE Jantet Paric sauta de la charrette, à la nuit
tombante, dans la grand-rue d'Evolette, et qu'il se
dirigea vers la forge, le cœur lui battait comme au
retour d'un long voyage à travers le monde. La
boutique était fermée. Il entra à pas de loup. Et
soudain, il ouvrit la porte de la cuisine en coup de
vent. Le père Mathieu, les poings sur la toile cirée,
roulait une cigarette, et Finotte tricotait. Ils avaient
l'air accablé. Ils levèrent la tête en même temps, et
aussitôt, il passa sur leurs vieilles figures comme un
éblouissement de surprise et de plaisir.

Jantet ne fit ni une ni deux. Il les embrassa. Les
vieux avaient abandonné leurs occupations. Jantet
leur raconta les vendanges, et le nom de Nathalie
lui échappa, tant il avait hâte de se confier. Ils ne
cillèrent pas. Ils étaient tous les deux suspendus à
son récit, un peu comme un père et une mère qui
retrouvent leur enfant.

Après cette minute de pur bonheur, Jantet
demanda :

« Et Lambert, où est-il? »

Alors, les deux vieux redevinrent tristes, comme
ils étaient apparus à Jantet lorsqu'il était rentré.

« Il nous a quittés! dit le père Mathieu. Il est parti au régiment. Dans les cuirassiers... »

Jantet feignit un grand étonnement.

« Il avait fait une demande en cachette. Mais, bien réfléchi, c'est ce qu'il avait de mieux à faire. Il était trop tracassé ici... On venait lui chercher querelle jusque dans la boutique! Ça aurait mal tourné, je te dis!

– Oh! oui, enchérit Finotte, il ne pouvait plus continuer cette vie! Tu le sais aussi bien que nous!

– Il y a longtemps qu'il est parti? demanda Jantet.

– Tout juste hier! » dit le père Mathieu.

Au matin suivant, comme il s'apprêtait à descendre au travail, Jantet s'entendit appeler à grands cris dans l'escalier.

Un gendarme se tenait au bas de la dernière marche, comme un soldat en faction, et les Garrouste s'étaient reculés du côté de l'enclume, tellement atterrés que Jantet comprit qu'un malheur venait d'arriver.

« Qu'est-ce qu'il se passe? demanda-t-il, d'une voix altérée.

– Suis-moi vite! dit le gendarme. C'est pour une affaire qui te concerne! »

Les Garrouste ne firent pas un mouvement. Jantet, trébuchant, suivit le gendarme dans la rue. Mille pensées tourbillonnaient dans sa tête. C'était comme un vertige où repassaient des figures aimées. Que pouvait-on lui vouloir? Ils arrivèrent à la gendarmerie; dedans, cela sentait l'écurie; des enfants s'amusaient dans une cour intérieure pavée de galets; un gendarme en bourgeron les croisa. Ils montèrent un étage. On entendait des bruits de cuisine. Enfin, une porte s'ouvrit, et Jantet se trouva seul devant l'adjudant, assis derrière un bureau de bois blanc. Il l'avait entrevu quelquefois dans les rues du bourg. C'était un homme fort et sanguin, aux moustaches énormes et retroussées jusqu'à l'œil; il avait une tête de mouflon; une tache de vin lui barrait la joue comme un coup de sabre.

« Tu es bien Jean Paric? demanda-t-il après un silence.

– Oui! dit Jantet.

– Tu es le neveu d'Antoine Paric, chanteur ambulant, n'est-ce pas?

– Oui! répéta Jantet, à qui ce nom sembla faire un effet extraordinaire.

– Et également, le neveu de Mme Irma Paric, de Valmigère? »

Jantet eut cette fois un sursaut. Ah! pensa-t-il, pourvu que l'oncle Antonn n'ait pas fait quelque bêtise!

« Tu n'es au courant de rien? demanda l'adjudant en repoussant sa chaise. Tu n'as pas lu le journal ce matin?

– Qu'y a-t-il? fit Jantet oppressé.

– Tu ne sais pas que ton oncle, Antoine Paric, a assassiné ta tante Irma, cette nuit? »

Jantet faillit tomber à la renverse. La main de l'adjudant, posée sur son épaule, l'électrisa. Le sous-officier déplia un journal posé sur le bureau. Un titre explosait sur trois colonnes : *UNE FERMIÈRE ASSASSINÉE*... Et, un peu plus bas, cette phrase terrible : *De lourdes charges pèsent sur le frère de la victime*...

Jantet se sentit incapable de lire plus loin. Il écarta le journal d'un geste égaré, mais l'adjudant le lui remit sous les yeux.

« Lis calmement! dit-il. On ne te veut pas de mal. Seulement, je suis chargé de t'interroger et il faut que tu saches. Tu peux me dire des choses précieuses pour l'enquête... »

Jantet fit un effort pour se maîtriser. Les lettres se brouillèrent un moment devant ses yeux. Il ne voyait que deux noms sur la page, deux noms répétés, accolés, empoignés tout au long des colonnes comme ils l'avaient été tout au long de la vie. Enfin, il put se faire une idée de ce qui s'était passé...

Tante Irma avait été assaillie et étranglée dans son lit, en pleine nuit. Père Piu, le vieux domestique, avait donné l'éveil. Un grand désordre régnait dans la maison; les meubles avaient été fouillés, des armoires éventrées. Les soupçons s'étaient tout de suite portés sur un frère de la victime, un certain Antoine Paric, individu peu recommandable, vivant de mendicité. De graves désaccords existaient entre le frère et la sœur depuis des années. A tort ou à raison, le meurtrier présumé s'estimait frustré de sa part d'héritage. Cela donnait lieu à des scènes fréquentes et il fallait s'attendre au pire... Antoine Paric était venu à *La Planouze* quelques jours avant le crime. D'après le témoignage du vieux domestique, il y aurait eu, ce jour-là, à la ferme, une scène extrêmement orageuse. Le frère aurait reproché à la sœur de subir l'influence d'un notaire particulièrement estimé d'Evolette et de préparer la vente de la ferme patrimoniale. Il avait promis de « faire la peau » du notaire et de la sœur si ce projet se réalisait. Hélas! il y avait tout lieu de croire que le meurtrier avait tenu une partie de sa sinistre promesse. Son arrestation était une question d'heures...

96

Cela prenait plusieurs colonnes. Il n'avait pas fallu beaucoup de temps à « l'envoyé spécial » pour ouvrir tout grand les dossiers de la famille Paric. Jantet avait mis vingt ans pour entrevoir un peu du mystère de la vie des siens. Un étranger à la conscience spécialisée, d'un coup d'épaule, enfonçait les portes et mettait à nu les secrets familiaux. D'un membre de la famille à l'autre, un fluide courait, et tout ce qui était vertueux revenait à la tante Irma, et tout ce qui était vicieux retombait sur l'oncle Antonn. Innocent ou coupable, il était d'ores et déjà jugé!

L'adjudant attendait que Jantet eût fini de lire. Cependant, les yeux fixés sur le journal, Jantet essayait de rassembler ses idées. On allait l'interroger. On attendait visiblement qu'il accablât l'oncle Antonn. Tout témoignait contre lui... Il évoquait les colères de l'oncle Antonn, ses sombres emportements lorsqu'il était question de la tante. « Ah! se disait-il, il a dû voir rouge! Il a dû la saisir à la gorge! » Et il évoquait les mains de l'oncle Antonn, ces mains puissantes, ces magnifiques mains avec lesquelles il pétrissait ses colères, certains jours.

« Alors! tu as bien lu! lui demanda l'adjudant sur un ton impatient. C'est clair, hein? Qu'est-ce que tu en penses? »

Jantet hocha doucement la tête et il dit deux ou trois fois, comme machinalement :

« Je ne comprends pas... Je vous jure que je ne comprends pas!

– C'est pourtant clair! répéta le sous-officier. Ton oncle est venu ces jours derniers à Evelotte. Il est venu menacer maître de Montredon. Ce n'est pas la première fois d'ailleurs... Toujours pour cette histoire d'héritage et de vente...

– Qu'est-ce que cela prouve? dit Jantet.

– Ce que ça prouve, tu dis? Mais tu n'as donc pas bien lu! C'est le crime d'intérêt!

– D'intérêt? fit Jantet, les yeux subitement élargis par une révélation intérieure. Mais vous ne connaissez pas l'oncle Antonn! »

L'adjudant le regarda d'un air compatissant, puis il alla se rasseoir.

« Voyons! dis-moi tout ce que tu sais! Je vais rédiger ta déclaration. »

Il se mit à écrire avec effort. Sa plume hésitait. Des gouttes de sueur commençaient à se former sur son front. Il était devenu moins sévère. Jantet s'adressait à lui comme il l'eût fait à un ami secourable. Il fit un portrait chaleureux de son oncle, et, de ses yeux devenus plus tendres, le greffier l'encourageait. Jantet ne trouvait plus ridicules ses moustaches. Le gendarme ne lui faisait plus l'effet d'un mouflon...

« Voilà! j'ai tout noté! dit l'adjudant lorsque Jantet eut fini de parler. Mais je crains bien que tout cela soit inutile... »

Alors il apparut soudain à Jantet qu'il n'avait rien dit qui pût vraiment innocenter l'oncle Antonn. Un énorme travail s'était fait dans son esprit pendant qu'il repassait les circonstances du drame.

« Attendez! cria-t-il. Dites que je jure qu'il est innocent! On a tout éventré là-bas... On a volé... Non, non! Il est incapable de cela! Tuer sur le coup de la colère, je ne dis pas... Mais voler?... Non, non! C'est impossible! »

Sa conviction allait se fortifiant.

« Dites aussi que si l'oncle était le meurtrier, il n'aurait pas fui... Il faut le connaître! Il se serait dénoncé! J'en suis sûr! Dites tout cela, voulez-vous? »

L'adjudant lui lut la déclaration. Il la signa avec une conviction farouche.

« Voilà, dit le sous-officier. C'est fini... Il est probable qu'on ne t'embêtera plus ici... Maintenant, tu peux être appelé à Saillagouse ou à Prades, au parquet... Et si ça tourne mal, à Perpignan, aux assises...

— Et mon oncle, vous savez où il est maintenant? demanda Jantet.

— Oh! ton oncle, à l'heure qu'il est, mon pauvre, il doit être à l'ombre! »

XI

La diligence de Bourg-Madame partait à cinq heures du matin. Elle bouchait la place devant le café Barris, et ses lanternes allumées et battues de pluie ressemblaient à deux gros yeux larmoyants. Jantet était monté des derniers, dans la rotonde. Devant lui, se pressaient les ombres de cinq ou six voyageurs à qui la lueur des quinquets donnait des teintes funèbres. Ils étaient serrés au milieu du véhicule, dans l'espace où on ressent le moins les cahots, et à cette particularité, Jantet devinait que c'étaient des habitués de voyages, et non, comme lui, un usager de hasard pour qui le coin le plus reculé et le plus sombre est le meilleur. Un petit filet d'air coulait de la vitre jusqu'au plus secret de ses os, mais ni le froid, ni la nuit, ni l'incommodité de sa place ne parvenait à dominer ses soucis.

Dès que l'attelage eut dépassé les dernières maisons d'Evolette, le brouillard et la pluie se firent plus pressants. On ne distinguait au-dehors qu'un océan de brume et de pluie denses; on avançait dans une rumeur d'orage; dans sa cage, le postillon avait des dandinements d'ours et la grappe des voyageurs était secouée sans pitié. Jantet les regardait s'incliner tous en même temps lorsqu'une roue s'affaissait dans la boue d'une ornière, se relever, se heurter, se décoller, avec des mollesses de fantômes. On allait dans l'eau, sous l'eau; tout était aboli, le ciel et la terre, les abîmes qui bordaient la route et les forêts. Parfois la masse sombre d'un talus se dressait sous le nez des chevaux comme un récif devant une étrave. Jantet se rappelait une odyssée sous-marine de ses lectures; il n'aurait pas été surpris si un poulpe géant était venu bloquer la diligence de ses tentacules, ou si un poisson barbare était venu coller son œil glauque à la vitre pour choisir sa proie. Sa tête était endolorie. Il lui tardait que le jour parût. Il vint comme on abordait le col. Soudain, Jantet tressaillit. Dans l'éclaircie, il venait de reconnaître, à son dos noir, à son cou rose, un des voyageurs placé devant lui. C'était maître de Montredon!

Il parlait avec son voisin qui approuvait sans arrêt. Jantet l'observait sans colère. Depuis des heures, il pensait à ses malheurs : la tante morte, l'oncle en prison, l'horreur et le scandale... Malgré la douleur qu'il éprouvait de la mort de sa tante, toute sa tendresse se tournait vers son oncle et il s'attachait de plus en plus à l'espoir qu'il était innocent... La présence de maître de Montredon venait tout à coup d'ébranler sa confiance. Il se disait qu'avec l'entrée en scène du notaire, les sentiments allaient compter de moins en moins. Quel plaidoyer l'emporterait sur cette serviette, sans doute gonflée de preuves, qu'il serrait contre lui? Il s'attachait au plus insignifiant de ses gestes, guettait ses propos, et leur bonhomie lui rendait l'espoir.

L'attelage s'arrêta sur la place de Mont-Louis. Des gens emmitouflés attendaient sous la pluie. Des brumes se déchiraient sur les toits du village. Entre deux rafales, il y avait de grands frissons de clarté. Jantet descendit le dernier. Sur la place, un grand paysan à blouse retenait maître de Montredon sous son parapluie bleu, cependant que le notaire, embarrassé par sa serviette, s'efforçait d'ouvrir le sien contre le vent. Dans son ample pardessus au col de fourrure, il pestait contre le temps.

« J'ai remisé chez Padrixe! dit le paysan.

– Bien, bien! fit le notaire. Ne perdons pas de temps! »

Un moment après, comme Jantet s'était engagé dans la rue qu'on voyait non loin de là entamer le vif des prés, une « jardinière » capotée et toute ruisselante de l'averse, le dépassa. Il se trouva bientôt hors du village. Il avait plusieurs heures de marche devant lui. La pluie tombait en oblique. La campagne bouillait comme un pot. Tout lui paraissait hostile et laid dans ce paysage qui l'avait exalté, quelques mois auparavant.

Il arriva à Valmigère sur le tard. La pluie avait cessé de tomber. Le Carcanet s'était rendu maître du plateau; il beuglait par les rues du village, vibrant sous ses galops comme une tôle. Maintenant, c'était la rase campagne. Il ne lui restait que quelques minutes de marche. Une terrible solitude, pilonnée de vent, l'enveloppait. Lorsqu'il aperçut *La Planouze* dans le soir tombant, il lui sembla qu'une main le serrait à la gorge.

La cuisine était éclairée. Dès la cour, piétinée comme si un régiment fût venu camper, il entendit un bruit de pas. Il entra. Une bouffée d'auberge lui sauta au visage. Un gendarme ennuyé faisait les cent pas sur le carreau. Il eut de la peine à le convaincre de le laisser entrer dans la chambre mortuaire. Ce fut le père Paric qui vint le délivrer. Il veillait la morte avec une vieille femme de Valmigère et Père Piu. Ils s'étreignirent longuement.

« Entre! dit le père. Quelle histoire! »

Jantet entra dans la chambre. Le cercueil était posé sur deux chaises, comme celui de sa mère, naguère. Aussitôt, il lâcha la question qui l'oppressait depuis des heures :

« Tu crois que c'est lui? »

Le père Paric lui prit doucement le bras.

« Ce n'est pas lui, va... Tu peux être tranquille... Il était à Latour quand ça c'est passé! »

Un sanglot nouait la gorge de Jantet pendant que le père parlait.

« Tu as dû te faire du mauvais sang, toi aussi! C'est M. Samso qui m'a appris la chose. Il avait lu le journal. Il disait que ça devait arriver... Sur le coup, je ne voulais pas y croire, puis en réfléchissant, j'ai pensé comme lui... »

Le vieux Paric se tourna vers Père Piu qui soupirait depuis un moment, l'invita à aller se coucher, puis sur le refus du domestique, il continua :

« Il était monté à Jau, il y a une quinzaine. Il était furieux parce que, d'après lui, ta tante allait vendre *La Planouze* pour acheter une propriété dans la plaine!

– Dans la plaine? fit Jantet. Qui lui avait donné cette idée?

– Maître de Montredon, il paraît! C'était toute une histoire! Ta tante avait placé son argent en hypothèques sur le domaine d'un propriétaire déjà à moitié ruiné. Elle voulait vendre *La Planouze* pour enfler l'hypothèque, et elle serait ainsi devenue la maîtresse d'un grand lot de vignes, avec maison, cave, écurie et tout le tremblement... Moi, je trouvais cela magnifique! Mais ton oncle n'en dormait pas. Il disait que notre sœur n'avait pas le droit de vendre la maison natale, qu'elle devait vous revenir tôt ou tard... D'après lui, Irma voulait s'écarter de nous davantage encore et se mettre à l'abri d'un régisseur... Que sais-je encore! Il voyait noir! Il s'était mis en tête d'arrêter la vente par tous les moyens!

– Tu n'as pas raconté ça, au moins, quand on t'a interrogé?

– Sois tranquille, va... dit le père. Tout s'est bien passé! D'abord, quand j'ai vu la maison ici, toute saccagée, quand j'ai su que ça s'était passé en pleine nuit, j'ai tout de suite compris que l'oncle n'était pas coupable...

– Exactement comme moi! dit Jantet tout ému.

– Il y avait les juges, les gendarmes... Ils ne m'ont pas empêché de dire ce que je pensais...

– Et l'oncle Antonn, tu l'as vu?

– Si je l'ai vu? On m'a confronté avec lui. On l'a gardé toute la matinée dans la cuisine. Il était calme, très sûr de lui. Ses yeux allaient de l'un à l'autre tout tranquillement, et de temps en temps, il me souriait... Sa défense était toute simple. « Au « moment du crime, j'étais à Latour, à trente lieues « d'ici, disait-il. On trouvera tous les témoins qu'on « voudra. On me détient arbitrairement! ».

« Allons! pas de grands mots! » répétait le procureur. Malgré cela, je voyais bien que tous ces juges n'étaient plus aussi sûrs de leur affaire! Plus l'enquête avançait et moins ils étaient contents! Ils croyaient tenir l'assassin et, patatras! l'oncle leur sort cet alibi de Dieu!

– On ne le relâchera pas bientôt? demanda Jantet.

– Ils ne sont jamais pressés, tu sais! Tout montre
que l'oncle est innocent... Ils ont cherché des traces
de souliers ferrés et ils n'ont trouvé que des traces
de souliers de ville. Il paraît que le jardin et les
alentours en sont pleins. Le meurtrier a pataugé un
peu partout. Il n'était pas sûr de son chemin... Est-ce
que l'oncle ne serait pas venu tout droit? Est-ce
qu'il serait allé passer par la fenêtre du jardin?
Est-ce qu'il aurait tout cassé dans une maison qu'il
connaît comme sa poche?

– Et alors? qu'est-ce qu'il leur faut de plus?

– Ils attendaient la déposition du notaire. On
aurait dit qu'il devait faire un miracle!

– Qu'est-ce qu'il a dit? demanda Jantet, soudain
inquiet.

– Oh! il a parlé plus d'une heure! Il donnait de
l'ami par ci, de l'ami par là. On aurait dit qu'il ne
voulait faire de peine à personne. On aurait juré
qu'il portait soutane et bavette tellement il prêchait
bien!

– Mais il a dû accabler l'oncle Antonn?

– Enfin... On ne peut pas dire... L'erreur des juges
commençait à courir la rue. Alors, il a mis de l'eau
dans son vin! »

Père Piu soupirant de plus en plus fort, le père
Paric le força de se lever, ainsi que la vieille, et il le
fit aller se coucher, non sans avoir parlementé un
moment avec le gendarme de garde.

« Quelle comédie! dit-il en revenant s'asseoir
auprès de son fils. On en arrive à oublier sa
peine! »

Jantet le regardait attentivement. Il avait gardé de
lui un souvenir sans fermeté, un souvenir d'enfant.

Il n'aurait jamais cru qu'il pût être si fort, si lucide, si serein dans l'adversité. Il lui semblait découvrir un autre homme.

« Où j'en étais? demanda le vieux Paric. Ah! à l'arrivée du notaire... Il a sorti toute une paperasse de son sac et il parlait en fouillant dedans. Les autres lui faisaient des courbettes. Il a dit que lorsque le moment viendrait d'ouvrir le testament de ta tante, on verrait que c'était une femme honnête et pleine de cœur...

— Et l'oncle Antonn, qu'est-ce qu'il faisait pendant ce temps-là?

— Lui? Il écoutait comme un ange! Il avait l'air de trouver que tout marchait bien! Ça s'est gâté un peu quand le procureur s'est mis à poser des questions. Maître de Montredon a dit qu'Antonn l'avait injurié gravement à plusieurs reprises, qu'il avait pris patience, puis qu'il s'était décidé à porter plainte. Antonn approuvait de la tête. D'autres fois, il interrompait le notaire et on le faisait taire. « Quand « l'inculpé venait me voir, a dit à un moment « maître de Montredon, je cherchais à le raisonner. « Sa sœur était entrée en possession du bien de ses « parents en toute légalité. Les affaires de famille, « pour nous, Messieurs, ce n'est pas du sentiment... « Pourtant, j'ai accepté de discuter avec l'inculpé « avec amitié. » Mais Antonn s'est levé comme un diable pour protester et on l'a fait rasseoir de force... Le procureur a alors demandé au notaire d'en venir à la dernière visite d'Antonn, quelques jours avant le crime. Il avait l'air d'attacher une grande importance à cette scène. Tout le monde écoutait ce que le notaire allait dire. J'avais une peur bleue d'un coup de Jarnac. Mais il a répété ce que tous savaient, qu'Irma voulait vendre et qu'Antonn s'y opposait, et que ça s'était terminé par des menaces... « Vous m'avez traité de malfaiteur, le « premier! » a riposté Antonn. Alors le notaire a haussé les épaules, ramassé tous ses papiers, et laissé tout le monde en plan... Comme ci cette affaire ne le regardait pas!

– Ce n'est peut-être pas un méchant homme! dit Jantet.

– C'est un finaud! répondit le vieux Paric. Il savait que ton oncle sortirait blanc de cette affaire, et comme il le sait rancunier... »

Il jeta un regard sur le cercueil et hocha la tête.

« Pauvre Irma! dit-il. Vous n'aurez pas un trop mauvais souvenir d'elle, Julie et toi. Vous serez sûrement héritiers...

– Tu sais, père, je ne pense pas beaucoup à cela! » dit Jantet.

Les yeux du vieux s'allumèrent.

« Moi non plus, je n'y pense pas beaucoup... Je n'ai jamais pensé à l'argent dans ma vie... Je suis vieux, j'ai souffert, mais je n'ai jamais eu ni regret ni envie... Jamais la tête ne m'a tourné devant la promesse d'un peu d'argent ou d'un coin de terre... Si c'était venu, j'aurais dit : béni! Ça n'est pas venu, j'ai dit : tant pis! »

Il se tourna une nouvelle fois vers le cercueil.

« Regarde, dit-il, où ça l'a conduite! »

Vers le milieu de la nuit, le père Paric, harassé par ses veilles, s'endormit d'un sommeil d'enfant. Jantet resta seul auprès du cercueil. Dehors, le Carcanet continuait son bruit d'orage. Jantet occupait sa pensée à mille réflexions. Les circonstances du drame lui revenaient. On ergotait sur l'heure du crime. On s'ingéniait à combler ce précipice de trente lieues qui séparait, cette nuit-là, l'oncle Antonn de tante Irma. Mais il y avait les empreintes! Ces traces de pas, Jantet les imaginait, derrière les murs, zigzaguant à travers le jardin et les prés. Ces traces de souliers de ville... cette incertitude du criminel... cette entrée insolite par la fenêtre... cette frénésie dans le pillage de la maison... Jantet y pensait maintenant avec une force désespérée.

Puisque l'oncle Antonn était mis hors de cause, qui allait-on soupçonner, qui allait-on poursuivre maintenant? Un habitant de Valmigère? Le vieux Père Piu? Un rôdeur?

Ce fut vers les trois heures du matin, alors que le mystère qui entourait le meurtre lui échauffait l'imagination, que le souvenir de Lambert lui entra comme un coup de feu dans la tête. Ce fut soudain une révélation, une certitude foudroyante! Lambert! C'était Lambert!

Il dut se retenir de crier.

Lambert avait quitté Evolette le jour du crime, discrètement, car il avait une meute à ses trousses. Il avait besoin d'argent. Il savait que Barris, ni peut-être même Lavergne, ne le lâcheraient, si loin qu'il aille. Il avait pensé à *La Planouze*... Il la connaissait. C'était un lieu propice. Une ferme isolée, une femme seule, un magot. Il ne rêvait que d'argent... On avait tant de fois évoqué devant lui l'aisance de tante Irma! C'était lui! cela ne faisait plus de doute! Jantet se rappelait le visage de Lambert quand on parlait d'argent, ses yeux avides et soudain étrangement rêveurs. Oui, toutes ces choses avaient dû mijoter dans sa tête. Il avait prémédité... Jantet avait beau se retenir sur la pente où son raisonnement l'avait engagé, il était fasciné par le soupçon. Il reconstituait la scène du meurtre : Lambert était parti de Mont-Louis au crépuscule. Il avait évité Valmigère, abordé *La Planouze* par les champs, longuement tâtonné autour de la ferme, autant à cause de la nuit que par manque de familiarité des lieux et que par peur de Père Piu, ou d'une rencontre fortuite. Son coup fait, il s'était enfui du côté de la vallée d'Aude, qu'il connaissait admirablement, mêlé aux touristes que les froids d'octobre essaimaient sur les routes du retour.

Lorsque sa fièvre s'apaisait, Jantet se prenait la tête à deux mains et il se faisait des reproches. Qu'allait-il imaginer là ? Le Lambert des mauvais jours cédait soudain le pas à un autre Lambert, le compagnon de travail, le confident des promenades, l'amoureux d'Honorine, l'enfant adoptif des Garrouste. Il avait ses mérites. Il était mal né, tout simplement... C'était un garçon promis, comme Jantet, à une vie modeste, et qui avait fait effort pour en sortir. Il avait seulement choisi la mauvaise route, les mauvais moyens, les passions qui ne libèrent pas. Souvent, Jantet avait ressenti du mépris pour lui ; il ne le trouvait pas assez fier devant les soucis ni les hommes... Maintenant, cherchant toutes les raisons qui pouvaient le rassurer, il penchait vers la pitié.

Lorsque le jour vint, il lui sembla qu'il avait fait un mauvais rêve, qu'un cauchemar se dissipait lentement. Il s'était promis de ne parler à personne du doute qui l'avait ému. Dans sa détresse, il s'était arrêté à l'idée que Lambert coupable serait plus pitoyable encore que Lambert innocent...

La matinée des obsèques fut sinistre. Le vent s'était tu. Une pluie fine engluait le plateau. De bonne heure, un piétinement sourd monta autour de *La Planouze*. L'enterrement avait fait sortir de leur trou toutes les limaces du pays. Elles s'en venaient dans la boue, à travers les brouillards, par tous les chemins, et bientôt la maison fut cernée. Il était interdit d'entrer dans la cour et d'approcher les abords du côté où se trouvaient les fameuses traces, et les gendarmes faisaient reculer les curieux. Par la fenêtre de la cuisine, Jantet observait le manège de cette foule en sabots, ruisselante de pluie, les nez et les yeux rougis de froid. Il reconnut quelques visages. Une énorme curiosité les agitait. Le cous se tendaient vers la maison comme des cous de chien au bout d'une chaîne. Il se retira de la vitre avec de tristes pensées. L'oncle était toujours gardé à Valmigère. Il semblait que cette foule venait enquêter pour son propre compte et qu'elle allait exiger qu'on le lui livrât. De la ferme au cimetière, mêlé au bruissement des eaux, au bruit de marée des sabots, aux jurons étouffés des porteurs, pataugeant dans les flaques, le murmure odieux de cette foule, repue de scandale et toujours avide, lui arrivait par bribes...

L'après-midi, il eut une grande joie. Père Piu avait été entendu une nouvelle fois. On avait mis sur la sellette un habitant de Valmigère connu pour ses talents de maraudeur. Sur toute l'étendue du canton, tout au long des chemins, les gendarmes n'avaient cessé de visiter des papiers d'identité, de fouiller des besaces, de sonder des consciences. On suivait de nouvelles pistes, la piste aux souliers de ville, avec des pieds inconnus dedans. Le journal du matin desserrait son étreinte autour de la gorge d'Antonn Paric. Les magistrats avaient fait le tour de l'affaire cent fois; ils le refaisaient une cent unième; c'étaient des hommes à la conscience inlassable... Mais un bruit dominait tous les autres, et Jantet n'avait d'oreilles que pour ce bruit. L'oncle Antonn allait être relâché!

XII

LA vie recommença à Evolette. La libération de l'oncle Antonn avait rempli les Garrouste d'allégresse. Jantet aurait bien voulu leur parler de Lambert, des soupçons qu'il avait eus un instant, là-haut, mais il se sentait retenu par trop de choses. Il ne cessait de penser à lui. Son départ avait fait des remous au café Barris. Abandonnée par Lambert, Honorine avait quitté le village; Jantet eut quelque temps l'idée de reconstituer l'emploi du temps de Lambert, le jour de son départ d'Evolette, de rechercher l'itinéraire qu'il avait choisi, de confronter les horaires et les dates. Tout cela devait dans son esprit converger vers *La Planouze* et établir la préméditation, ou au contraire s'en éloigner et innocenter à jamais Lambert. Il en fit une idée fixe. Mais, à mesure que les jours passaient, sa conviction et son audace fléchissaient. Il en était arrivé à craindre que ses démarches ne missent en éveil les employés du bureau des transports et qu'ils établissent une relation entre sa curiosité et le meurtre de sa tante. Il était assoiffé de vérité pour lui-même, mais il avait peur de déclencher le monstrueux appareil entre les griffes duquel l'oncle

Antonn s'était débattu quelques jours... Un apaisement nouveau lui arriva bientôt sous la forme d'une carte de Lambert aux Garrouste. Elle venait de Lyon. C'était une vue de la caserne du 10ᵉ cuirassiers où Lambert était incorporé. Il priait les Garrouste de donner le bonjour à Jantet.

Un long mois était passé depuis la mort de tante Irma, et plus aucun écho n'en était venu à Jantet que celui d'une visite de l'oncle Antonn à Jaude-Capcir, lorsque, un matin, le père Paric et Julie tombèrent dans la forge comme deux oiseaux éblouis. Le vieux Paric annonça qu'il était convoqué par maître de Montredon, vraisemblablement pour la question de l'héritage. Il tremblait, tout ému d'avoir à jouer un rôle. Il fut décidé que Julie l'accompagnerait chez le notaire. Ils en revinrent longtemps après, tout bouleversés.

« Eh bien? » fit le père Mathieu.

Le vieux Paric fit signe qu'on le laissât revenir à lui.

« Pauvre Irma! finit-il par dire. C'est à ne pas y croire! Savez-vous ce que cette malheureuse était arrivée à économiser dans son trou? C'est incroyable? Eh bien quarante mille... quarante mille francs, vous entendez?

– Tu les as vus? dit Garrouste.

– Non... Il n'y a presque pas d'argent... Il y a une maison avec des terres.... De la vigne en plein rapport!

– De la vigne? » fit Jantet. Et la vendange, Nathalie, Tiritt, la gloire du vin pur passèrent devant ses yeux...

« Attendez... Je vais vous expliquer! Laissez-moi me retrouver! Julie m'aidera. Il y a un paquet

114

d'ayminates, de quoi récolter dans les deux cents hectos.

— Feu de Dieu!» cria Garrouste.

C'était le plus heureux de tous. Finotte, elle aussi, exultait. Julie les regardait, toute troublée par leur joie.

« Ce n'est pas à prendre tout de suite. C'est des hypothèques sur la propriété d'un riche de Clairac, un nommé... un nommé...

— Tarting-Fargue! dit Julie.

— C'est ça! dit le père. Un riche à millions il paraît, dans le temps, et qui va se trouver ruiné un de ces quatre matins... C'est toute une histoire... Je vous raconterai peu à peu. C'est son régisseur, un certain Marcerou, qui l'a roulé. Le notaire m'a dit : « Si jamais vous vous installez là-bas, avec vos « enfants, il faut vous attendre à en voir de dures « avec ce coco! » Il paraît que l'hypothèque porte sur le meilleur morceau du domaine, un lot avec une maison qu'on appelle *Le Verdet*. »

Le père Mathieu coupait d'exclamations le laborieux compte rendu du vieux Paric. Il secouait Jantet, resté pensif dans sa surprise et sa joie, de grosses tapes sur l'épaule.

« Ça y est! lui criait-il, te voilà vigneron! Tu vas nous quitter, hein? Non, tais-toi... Tu ne nous quittes pas... C'est moi qui te fiche à la porte! »

Ils s'étaient mis à table. Ils parlaient et riaient tous à la fois. Mais c'était le forgeron qui dominait les autres.

« Je ne veux plus te voir travailler le fer! Il faut laisser ça aux imbéciles comme moi! Ah! des fois, j'y pensais à cette saloperie de sort qui m'envoyait des jeunes à peau tendre, comme Lambert, comme toi... Et je rageais. Oui, c'est un métier plus beau que beaucoup d'autres... tiens! je crois qu'il n'y a pas de plus beau métier... Seulement, voilà... on trime, on s'abîme... A cinquante ans, tu es vidé... Enfin, tu trouves à t'envoler! Il me faudra chercher un petit nouveau...

– Allez, allez... ne pense pas encore à ça! dit Finotte.

– Vous l'entendez? répliqua le père Mathieu. Elle veut me faire prendre la retraite! Après Lambert et Jantet, frtt... elle dit! on s'arrête! C'est facile à dire! Moi, quand je m'arrêterai... »

Finotte apporta le vin blanc cependant que le vieux Paric larmoyait doucement et que Julie riait, la pommette en feu.

« A la santé du vigneron! dit le père Mathieu. Et que je puisse bientôt trinquer avec le vin de ta vigne!

– Oh! fit le vieux Paric, soudain dégrisé. Je n'ai pas fini de vous raconter. Ce n'est pas pour demain! »

Il expliqua que la ruine de M. Tarting-Fargue était loin d'être définitive, et que la liquidation de ses biens prendrait du temps. De son côté, Marcerou, le régisseur, faisait marcher son homme d'affaires pour hâter la chute de son patron. Il offrirait à nouveau de racheter l'hypothèque de tante Irma sur *Le Verdet*. C'était pour faire échec aux prétentions du régisseur que tante Irma avait décidé de vendre *La Planouze* et de s'installer au *Verdet*, une fois la faillite de M. Tarting-Fargue prononcée... Le vieux Paric restait tuteur légal jusqu'à la majorité de ses enfants. Et Jantet avait encore son tirage au sort, trois années de régiment peut-être devant lui.

Ces réalités jetèrent un froid. Mais il restait des certitudes pleines de promesses. Maître de Montredon avait précisé toutes choses. Jantet et Julie auraient, le moment venu, plusieurs solutions à envisager : ils pourraient vendre leur hypothèque sur *Le Verdet* et s'installer à *La Planouze*... Ou bien vendre *La Planouze* et s'installer au *Verdet*... Ils pourraient vendre les deux... Ou bien ne vendre ni l'un ni l'autre...

Le père Paric ne précisa pas ce que le notaire lui avait conseillé. Chacun de ces problèmes lui coupait la respiration et il s'y perdait maintenant.

« Il vous faudra pourtant décider quelque chose ! » dit le père Mathieu, visiblement excédé, et qui paraissait être démangé d'une idée personnelle.

Jantet ne savait trop ce que Julie pouvait penser de ces choix offerts pêle-mêle, mais il devinait fort bien ce qui agitait son père. Le vieux Paric baissait la tête à chaque intervention du père Mathieu et attendait visiblement que quelqu'un avançât son idée. Jantet en aurait juré : son père espérait garder *La Planouze* et y réunir ses enfants; c'était la maison qui avait semé la discorde certes, mais c'était tout de même la maison natale; tous ses morts y dormaient; sans doute il aimerait y finir sa vie à son tour.

A la fin, pressé de toutes parts, le vieux Paric finit par dire :

« Puisque je suis tuteur légal, je devrais dire ce qui me semble le mieux. Mais, comme je l'ai dit au notaire, je me fais vieux... Ce n'est pas moi qui travaillerai les terres... Alors, je ne sais pas si c'est à moi de choisir !

– Dis ton idée quand même, père ! » fit Jantet. Et il tremblait un peu à la pensée que le vieux Paric pouvait écarter à jamais *Le Verdet* et tous les rêves que, depuis des heures, il bâtissait autour de ce nom.

« Que voulez-vous que je vous dise! reprit le vieux. Je comprends que la plaine, la vigne, c'est encore là que vous trouverez le plus d'aisance. Mais à moi, que voulez-vous, qu'on ne me parle pas de quitter le plateau! »

A ce moment, Julie sembla prise d'un frisson.

« Tu as raison, père, dit-elle. Il vaut mieux rester là-haut!

— Et toi? fit le père Mathieu tourné vers Jantet, tu ne dis rien?

— Moi, dit Jantet, j'irai où père et Julie iront! »

Et, en prononçant ces paroles, son cœur saignait, car il lui semblait qu'il venait de trahir Nathalie et de briser sa vie.

Alors, le père Mathieu croisa les bras sur sa poitrine et il éclata d'une colère lentement accumulée :

« Comment! Vous abandonnez la vigne! Mais vous êtes fous! Moi, je ne voyais pas la chose comme vous autres!

— Hé! Mathieu! dit Finotte, si tu te mêlais de ce qui te regarde!

— Ça me regarde, oui! cria le père Mathieu. J'ai le droit de parler! Une fois dit : fini! Ils feront ce qu'ils voudront! Mais on ne m'empêchera pas de dire qu'ils font une grosse bêtise, une bêtise grosse comme une maison! Lâcher deux cents hectos! De la vigne en plein rapport! Pour aller se foutre dans leur boue et leur brouillard, dans leur nid de corbeaux! Non, non! Ils sont devenus fous!

— Tu as sans doute raison! dit le père Paric avec douceur.

— Si j'ai raison! Mais mille fois, cent mille! Je vais

118

vous dire comment je voyais l'arrangement, moi. Je n'ai jamais eu à choisir, malheureusement... Mais là, à votre place, je ne ferais ni une ni deux... Vous tenez à *La Planouze*? Eh bien! vous gardez *La Planouze*... Mais il y a des vignes, une maison, un paquet d'hectos? Vous les prenez aussi... Qui vous empêche de garder les deux? »

Il frappa sur l'épaule de Jantet.

« Est-ce que tu n'es pas assez fort pour mener une propriété? Tu crois que vous pourrez vivre toute votre vie ensemble, comme des poussins, sans jamais vous lâcher? Est-ce que vous ne vous marie-rez pas, un jour, Julie et toi? Réfléchis bien, allons! Il te fait si peur que ça... ce... cc... comment l'appel-les-tu déjà, ton lot?

— *Le Verdet!* dit Jantet.

— Oui, ce *Verdet!* Enfin, tes vignes... Tu me feras marcher ça comme un diable, j'ai dans l'idée! Et toi, Jacquettes, tu restes là-haut avec Julie, tu la maries bien, et tu coules une vieillesse de Dieu le père!

— Tu as raison, répéta le vieux Paric, plus doux et plus convaincu encore. Je n'ai jamais dit qu'il fallait vendre *Le Verdet*. Je ne suis rien, moi. Je suis un pauvre vieux. Je laisse mes enfants libres.

— A la bonne heure! dit le père Mathieu. Tu me fais plaisir! »

Le père Paric s'était chargé de porter une réponse à maître de Montredon le lendemain. Jantet était monté dormir dans sa chambre. Il passa une nuit blanche. L'avenir se dressait devant lui, et parce qu'il s'annonçait beau, il devenait pesant. Jantet pensait beaucoup à l'oncle Antonn. Qu'aurait-il dit, lui, de toutes ces choses? Il savait que la nuit ne lui porterait pas un conseil plus grave ni plus humain. Oui, il s'installerait au *Verdet*! Malgré ses scrupules, il l'avait décidé tout de suite. Mais quel bouleversement cet héritage allait apporter dans l'existence des Paric! N'allait-il pas les transformer, les pervertir, détruire cette harmonie qui les liait si tendrement, si sûrement? A d'autres moments, il envisageait le problème avec fermeté. Père et Julie pourraient vivre heureux à *La Planouze*. Ils garderaient Père Piu auprès d'eux. Ils seraient assurés de l'aisance. Julie trouverait un mari qui l'aimerait bien. On ne perdrait jamais le contact. On s'aiderait... Oui, il s'installerait au *Verdet*! Il le ferait marcher comme un diable! comme disait le père Mathieu. Il y aurait des jours difficiles, mais il y aurait aussi Nathalie! L'oncle Antonn approuverait ce partage. Oui, à eux tous, il créeraient du bonheur.

A mesure qu'approchait le matin, sa résolution s'affermissait. Ce pays de vignes, il en connaissait un peu les passions et les duretés; il y avait ressenti quelques lassitudes et quelques brûlures. Mais c'était le pays des horizons larges, le pays de Tiritt, de Nathalie... Il se voyait aussi chef d'une maison, et tout vivait, tout gonflait par son ardeur... Il se voyait entouré de joie et répandant la joie, un peu assourdi, comme ce cheval qu'il avait vu, toute une nuit, sur la place de Jau, animer un manège chargé d'enfants...

Le Verdet! Ce nom s'était fiché dans son cœur comme une flèche au cœur d'une cible. Il en faisait le centre du monde.

XIII

APRÈS un peu plus d'une année dont Jantet coupa la monotonie en écrivant de longues lettres à Nathalie et en remuant des projets, le moment du tirage au sort arriva. Jantet fut assez heureux pour tirer un bon numéro. La joie que cet événement lui procura était à peine apaisée que, de Clairac, arriva soudain la nouvelle de la faillite de M. Tarting-Fargue. Ce fut par le clerc de maître de Montredon que Jantet eut connaissance de son entrée en possession du *Verdet*. Il reçut une grande enveloppe, qu'une fois dans sa chambre, il ouvrit en tremblant. En termes d'annonce judiciaire, on lui indiquait la configuration, les limites, les voisinages, les servitudes, la valeur en francs de sa nouvelle propriété, et toutes ces précisions faisaient de son héritage une chose si concrète qu'il fut presque tenté de visiter l'enveloppe pour voir si *Le Verdet* n'était pas dedans.

Dans le feu de sa joie, il écrivit à Nathalie et à Tiritt avec lequel il s'était mis en rapport dès qu'il avait appris qu'il serait un jour son voisin. Il leur annonçait sa proche arrivée... Puis, il décida de monter à *La Planouze* pour annoncer la nouvelle, recevoir la petite part de numéraire qui lui revenait et faire les adieux qui convenaient à l'aurore d'une telle aventure.

Il trouva son père et Julie encore dépaysés; l'accueil des villageois avait manqué de chaleur; ils se plaignaient de l'hostilité des voisins. N'eût été Père Piu qui les initiait à la connaissance des gens comme à celle des travaux champêtres, ils eussent été assez malheureux.

Le vieux Paric s'était pourtant familiarisé assez vite avec sa nouvelle besogne. Elle n'était guère pesante. La tante l'avait organisée avec intelligence, on pouvait même dire avec une sagesse qui surprenait de la part d'une personne qu'on disait âpre. Au lieu de s'acharner à « exploiter » la terre, à la plier à des cultures rémunératrices, comme le faisaient la plupart des paysans de la région, elle lui avait laissé sa destination la plus rationnelle et la plus simple, de telle sorte qu'avec l'aide de Père Piu – un domestique à moitié désarmé comme elle les aimait –, elle pût suffire à tout. Le domaine était constitué par des pâturages, des arbres fruitiers, un grand carré de céréales, le seul qui imposait l'aide du laboureur et du faucheur, encore cela se passait-il en coup de feu, comme une grosse lessive, un potager adossé à la maison. Au début, le vieux Paric s'était tenu avec une sorte d'entêtement peureux, dans ce jardin où il se sentait près de Julie et loin des gens de Valmigère. Puis, les exigences de la propriété l'avaient rendu plus crâne. Julie avait éprouvé les mêmes soucis. Elle avait été quelque temps l'objet des plus perfides curiosités.

Lorsqu'ils eurent déjeuné sur la terrasse abritée du soleil d'été par deux grands arbres, la vie leur parut tout à fait belle. Julie apporta le café. Jantet pressait les uns et les autres de questions, et tous s'animaient à ce tournant de la vie. Père Piu n'avait jamais tant parlé. Il avait été quelques semaines le maître absolu de *La Planouze*, et il lui en restait une touchante fierté. Il était natif de Ribas, proche de Valmigère. Les deux villages étaient naturellement comme chien et chat. Père Piu prenait fait et cause pour le sien.

« Y a pas plus vauriens que les gens d'ici! répétait-il. Y savent que voler et que tricher! C'est eux de sûr qui ont fait passer la maîtresse, Dieu la pardonne... »

A Valmigère, on essayait de lui tirer les vers du nez. Du vivant de la tante, on lui demandait s'il était bien payé, bien nourri, bien traité. On lui conseillait de faire son beurre, de provoquer la patronne au mariage. Depuis le drame, il fuyait les gens, lui aussi.

« Quand je pense, dit le vieux Paric, depuis un moment rêveur, que c'est peut-être un sacripant de Valmigère qui a fait le coup!

— Si c'est ça... répondit philosophiquement Père Piu, on ne saura jamais rien! »

Alors, comme chaque fois qu'on parlait du meurtre ou qu'il y pensait, l'ombre de Lambert passait au-dedans de Jantet...

Dans l'après-midi, l'ivresse du repas dissipée, Jantet se sentit à nouveau assailli par le sentiment que son père et Julie n'avaient pas été favorisés par le partage et il emmena Père Piu faire le tour de *La Planouze*. Sur le chemin, le vieux domestique ne cessa de parler de la tante Irma avec une grande équité. Il la trouvait originale, sévère même, mais elle avait de bons moments. Il assura qu'elle n'était ni aussi tracassière ni aussi dure qu'on l'avait représentée. En ce qui concernait le domaine, il ne tarissait pas d'éloges.

Jantet revit les prairies où Père Piu passait le plus clair de son temps à garder les vaches. L'été les avait étoffées et lustrées. Les boules des pommiers commençaient à s'allumer. Des ruisseaux pépiaient entre les herbes. Ils montèrent jusqu'au champ de blé, tournant au flanc d'un vallonnement comme une écharpe d'or blond sur le vert lumineux des herbages. Jantet n'osait faire part à Père Piu des scrupules qui l'agitaient.

« Cela ne doit pas vous donner un grand travail! dit-il.

– Enfin, enfin... Y a deux fauchaisons... Y a la moisson... Y a le jardin... Le Philibert de Ribas venait. La maîtresse s'y mettait aussi. Ça tirait quand même!

– Le rapport ne doit pas être énorme! » insinua Jantet.

Il sembla que Père Piu venait d'être blessé dans son amour-propre.

« Oh! dit-il, c'est pas le rapport de Moussu Gironi, ni du seigneur de Monteilla! Mais attendez! Quelques cents francs d'herbe, quelques cents francs de blé, des pommes, ça arrive à chiffrer! Et puis y a le lait! Une année, il y avait huit vaches! Il en reste cinq... C'est une rente, cinq vaches! Comptez le lait, les veaux... Des cents et des cents ça arrive à faire des mille! On n'est pas à plaindre! »

Et il souligna cette assurance d'un sourire si orgueilleux que Jantet sentit son cœur se serrer.

Ils arrivèrent au haut du pré Boulu. Ils descendirent vers le mas à petits pas. Les prés étaient

124

frangés de broussailles et de haies vives sur lesquelles le soleil jouait.

« Ecoutez! dit soudain Jantet. Il y a une chose qui me tracasse! J'ai hérité du *Verdet*, un grand lot de vignes, du côté de Clairac...

— Connais pas... dit le vieux. J'ai jamais été plus loin que Mont-Louis.

— C'est un grand lot avec une maison. La vigne est en pleine force. C'est presque aussi grand qu'ici. Vous croyez que ça vaut *La Planouze*!

— Combien vous y ferez?

— Dans les cent cinquante hectos, il paraît...

— Cent cinquante hectos! Eh bien, y me semble que vous serez pas de perte! »

Ils se livrèrent à des calculs. Le vieux invoquait le travail et les dépenses qu'exigeait la vigne. Jantet exaltait les bénéfices. Pourtant, à son grand étonnement, leurs estimations mettaient *Le Verdet* en dessous de *La Planouze*. Et Père Piu ne comprenait rien au ravissement qu'il en montrait...

Ils arrivèrent près de la maison. Soudain, comme Père Piu s'arrêtait et levait la tête, la main devant les yeux, pour mieux suivre le vol de deux oiseaux dans le soleil, Jantet aperçut, au pied d'un buisson, un objet qui brillait. Il se baissa pour le ramasser. Mais à peine l'eut-il débarrassé de la boue qui le couvrait à moitié qu'il sentit son cœur s'arrêter. Il eut de la peine à se remettre sur ses jambes. Ce qu'il tenait dans le creux de sa main, c'était la breloque avec laquelle Lambert jouait, dans la chambre de Mont-Louis, ce jour qu'ils revenaient de *La Planouze*! C'était le cadeau d'Honorine! Leurs initiales mêlées!

Il fit quelques pas en chancelant. Il en était sûr maintenant! Le coupable, c'était Lambert! Il avait dû louvoyer dans la nuit, sous la pluie... Il était venu s'empêtrer dans les ronces... Elles l'avaient agrippé et lui avaient arraché la terrible petite preuve...

Père Piu le rejoignait à grands pas.

Jantet enfouit la médaille au plus profond de sa poche.

« Je croyais bien que c'étaient les falcons! dit le vieux. Y viennent guigner nos poules! »

DEUXIÈME PARTIE

I

JANTET PARIC était descendu à La Saline, le village natal de sa fiancée et de Tiritt, à quatre pas de Clairac et du Verdet, au beau milieu de cette Salanque grosse d'alluvions, battue de vents marins, suante de moûts et cramoisie de soleillades, que des siècles minutieux et féconds ont conquise sur la mer.

Les Tibaut l'attendaient comme un messie. Autour de Nathalie, il y avait le père, la mère, sept frères et sœurs, et il fut un peu étourdi par leur allégresse. Nathalie était l'aînée de cette flore exubérante et mal peignée, vivant et poussant miraculeusement, car le père était indolent et la mère maladive. C'était maintenant une petite femme grave, qui paralysait un peu le rire et l'éclat, une compagne que rien ne semblait devoir ni décourager ni griser, et Jantet la retrouvait fidèle à l'image qu'il en avait gardée.

Tous les deux, ils furent voir Tiritt. Jantet comptait beaucoup sur cet homme simple et droit. Depuis qu'il se savait héritier du *Verdet*, sa pensée s'était tout entière tournée vers lui. C'était un vrai vigneron. Il le voyait devenir son conseiller, puis un aide incomparable qu'il traiterait avec tous les égards et toute la générosité qui lui seraient permis.

Tout de suite, Tiritt parla du *Verdet*. La faillite de Tarting-Fargue ne l'avait pas surpris. C'était un sportif aux luxueux équipages, la coqueluche des cercles mondains de Perpignan, et il s'inquiétait de son domaine une fois l'an, aux vendanges. Il était né de la grappe, comme d'autres naissent du chou. Il aimait les femmes, l'auto, le champagne, et tout cela menait droit à la ruine. Tiritt le peignait sans rigueur, avec une sorte de tristesse, comme s'il se fût agi d'un membre de sa famille. Par contre, il ne ménagea pas Marcerou, le régisseur.

« C'est un coquin! dit-il. Il a fait trois ou quatre places. Il s'est engraissé partout où il est passé! C'est lui qui a coulé Tarting-Fargue. C'est un bougre qui avalerait le monde! »

Il apparaissait plus clairement que jamais que Marcerou était un homme redoutable et son voisinage jetait déjà une ombre sur la félicité de Jantet.

« Mais nous n'aurons pas affaire à lui? risqua-t-il.

— Enfin... Il faudra bien lui demander les clefs du *Verdet*! » répondit Tiritt.

Dès le lendemain, Jantet alla trouver Marcerou. Il habitait l'ancienne maison des Tarting-Fargue, sur la place de Clairac. C'était un homme grand, sec, aux yeux exigeants. Dès que Jantet se fit connaître, son regard s'adoucit, se nuança de curiosité.

« Tiens! C'est toi, Jantet Paric? Excuse-moi si je te tutoie, hein? » dit-il.

Il se mit à parler avec ardeur et comme avec sympathie du *Verdet* qui lui avait échappé, de tante

Irma qui l'avait devancé, de maître de Montredon qui l'avait roulé. Jantet se tenait sur ses gardes, mais cet accueil inattendu l'ébranlait. Le régisseur lui remit les clefs du *Verdet*, s'excusa de ne pouvoir l'accompagner pour lui montrer les aîtres, lui assura qu'il trouverait les choses intactes, les outils, la vaisselle vinaire, tout cela assez négligé cependant, car, ces dernières années, M. Tarting-Fargue laissait tout aller.

Jantet le laissait bavarder; il n'osait pas poser de questions, car il était en plein inconnu. Il lui tardait de prendre congé de cet homme dont l'amabilité le déconcertait.

Il rentra tout étourdi, arriva d'une traite à La Saline sans avoir eu l'idée de visiter *Le Verdet*, qui se trouvait aux environs de Clairac. Il y revint l'après-midi avec Tiritt.

C'était un rond de terres fortes, profondes, crêtées de mottes rouges, à la limite sud du domaine de Marcerou. La maison se dressait au milieu, la façade était couronnée de treilles à moitié dépouillées par l'automne, et jusqu'à une grande hauteur, les murs étaient verts des sulfatages répétés. Avec son toit rouge, son ormeau et son puits, elle faisait comme un îlot de fraîcheur au milieu des vignes incendiées. Ils entrèrent dans la maison. Les pièces étaient vides. Les premières pluies avaient gonflé les volets. Une odeur d'abandon montait de partout. Jantet se pencha à une fenêtre. Clairac lui apparut tout proche. La Saline était à main droite et faisait comme un petit remous de toits rougeâtres autour du clocher. Cette présence le rassurait. Tiritt était pressé de visiter la cave et l'écurie. Ils descendirent. Un grand désordre régnait dans ces lieux. Une charrette branlante, aux roues encroûtées de boue, levait ses brancards comme deux bras désolés; un treuil, quelques comportes emboîtées de guingois, des outils rouillés, deux demi-muids aux douves bossues, traînaient pêle-mêle le long du petit chai aux cuveaux. Tiritt considéra le désastre avec un petit rire sarcastique, puis il frappa sur l'épaule de Jantet et lui dit :

« Tout ça s'arrangera peu à peu, va! Allons voir la vigne. On verra s'il a osé te la saboter, elle aussi! »

Ils marchèrent d'abord sans rien dire à l'orée des vignes. Elles formaient plusieurs lots, et chacune portait son nom. Ici, c'était le carïgnan et l'aramon; là-bas, sur la déclivité offerte au midi, le grenache et la blanquette. Jantet se sentait ému. Avec ses longs sarments à moitié défeuillés, comme habillés de loques multicolores, le vignoble présentait cet air d'indigence et de détresse qu'il affecte après la vendange, lorsque la sève s'alentit et que les premiers vents froids le rudoient. Malgré cela, Jantet en sentait toute la puissance assoupie; il le voyait tel qu'il serait à son réveil, ses sarments roses érigés dans leur force neuve, son feuillage intact, ses grappes lourdes comme des cloches d'airain. L'amour de Nathalie, l'amitié de Tiritt, l'odeur de la terre piétinée, toute la bonté et toute la fièvre du terroir lui montaient à la tête. Tiritt avait commencé de parler. Les craintes de l'ouvrier devenaient moins vives; après la visite de la maison, il avait eu peur. Depuis trois ans, les ceps qui mouraient n'avaient pas été remplacés, mais la proportion était assez faible. La taille n'avait pas non plus été des plus rationnelles; on avait visiblement tendu, non à compromettre la santé du cep, mais à lui faire produire son maximum; on ne harasse pas plus impunément une vigne qu'un cheval; mais on peut y porter remède; un cep, ça se panse, ça se dorlote comme un malade. Marcerou s'était montré pratique; il s'était montré prudent aussi, car, au dire de Tiritt, l'assassinat d'un vignoble eût fait autant de scandale que le crime le plus crapuleux.

Tout en marchant, Tiritt s'animait maintenant. Il montrait en même temps le mal et le remède. On remplacerait les ceps mourants; on comblerait les places vides. On pratiquerait une taille de transition et de réparation, deux ou trois yeux par courson. On aérerait et fumerait la terre. On rendrait au *Verdet,* peu à peu, un équilibre compromis par des négligences. C'était l'affaire de deux années. En quelques mots, il mettait Jantet en présence d'un avenir difficile. Il éprouvait aussi sa sérénité et son courage.

Les semaines qui suivirent, *Le Verdet* s'anima. Jantet, le père Tibaut, et de temps à autre Tiritt, commencèrent à bricoler. On était au plein de l'automne et le vignoble semblait mort. Derrière la maison, Jantet et Tibaut s'efforçaient de délimiter la place de l'ancien potager où Marcerou avait fait un essai malheureux de plantation. La première idée de Jantet avait été de rendre ce carré à sa première destination. Il décida le père Tibaut à s'en occuper. Puis, avec Tiritt, il dressa un plan d'ameublement et d'équipement sommaire du *Verdet,* de quoi parer au plus pressé. Tiritt était bien surpris de rencontrer tant de sagesse chez un profane. Lui aussi, il était d'avis qu'il fallait mettre la propriété doucement en train, avec du matériel de fortune; on donnerait au vignoble le maximum de soins, on accueillerait la récolte le plus dignement qu'on pourrait, mais il faudrait compter sur la vigilance et l'effort de chacun et ménager les modestes fonds que Jantet avait reçus en partage, deux milliers de francs environ.

Après deux mois d'un travail minutieux et lent, le père Tibaut annonça que le jardin était en état. Aussitôt, la mère Tibaut et ceux de ses enfants qui ne fréquentaient plus l'école, tombèrent, avec une hâte goulue, sur cette terre neuve et la gonflèrent de semis et de plants de saison. Tiritt avait commencé la taille. C'était dans la première semaine de janvier. Engoncé dans son caban, le dos à la tramontane, il grignotait l'étendue avec des patiences d'insecte. Jantet s'initiait à cette délicate besogne, cependant que le père Tibaut rapiéçait les murettes et les chemins, et que Nathalie ramassait les sarments, les troussait en fagots dont les tas montaient à l'orée des vignes.

Tout le jour, sur les pas de Tiritt dont il suivait les conseils avec une application d'enfant, Jantet déguisait assez bien son souci; mais le soir, lorsqu'il se retrouvait seul dans la grande salle pauvrement meublée du *Verdet,* il se sentait envahi d'inquiétude. L'argent fondait peu à peu. Les grosses exigences du vignoble allaient se montrer. Il voyait monter le dur chemin qui, à travers les labours et les soufrages du printemps, les sulfatages de l'été, les luttes contre la gelée, la maladie, la grêle, l'herbe et l'insecte, l'élément et le destin, le mènerait à la vendange. Tiritt avait beau le rassurer, il s'effrayait des dépenses qui allaient surgir : les journées de labour, l'achat d'engrais, de sulfates, les frais de cueillette, de transport, de pressurage. La tête lui tournait! Oui... on pourrait lésiner sur toutes choses, compenser les insuffisances par le travail... On aurait la ressource de vendre sur souche... Mais qu'il y avait loin d'ici là!

Au début du printemps, il monta à *La Planouze*. Il emprunta à courte échéance sur la part de Julie, puis il vint à Perpignan. Il avait soigneusement noté tous les achats que Tiritt jugeait indispensables. Quelques jours après, *Le Verdet* reçut ses engrais de printemps, son soufre et son sulfate, sa bouillie bordelaise et son mastic bourguignon, et enfin deux machines : une soufreuse-poudreuse brevetée, une création nouvelle payée la jolie somme de vingt-deux francs, et un Vermorel, « le roi des pulvérisateurs », une merveille de cuivre rouge dont la vue coupa la respiration à Tiritt.

L'été passa dans le feu. Jantet dut pourtant renoncer à faire « sa » vendange, à rentrer « sa » récolte, à faire « son » vin. Il avait dû reculer devant l'achat d'un cuveau neuf, et Tiritt avait au surplus objecté que la rentrée d'une récolte devait être préparée de longue main, la vaisselle vinaire éprouvée; il se représentait mal la récolte du *Verdet* hasardeusement logée et traitée. Il se fût fait l'effet d'une mère surprise par ses couches.

Jantet s'était sagement incliné. Tiritt se chargea de la vente sur souche. Cette année-là, les cours étant moyens, il dut vaincre les hésitations des courtiers, d'ordinaire empressés et accommodants. Il se montra pourtant assez compétent et assez persuasif pour réaliser une vente honorable.

Sa dette remboursée, et tout l'arriéré des salaires réglé, il resta à Jantet un peu plus de trois mille francs pour affronter l'année nouvelle.

II

JANTET et Nathalie se marièrent au printemps suivant, un printemps de Salanque capiteux, lourd des effluves de la sève montante, des moiteurs du vent marin, de la griserie de la terre. Les Garrouste n'avaient pu venir, mais le vieux Paric et Julie étaient là, et l'oncle Antonn avait surgi au dernier moment. Leur mariage était pour tous comme un lever de soleil. Et malgré toute la modestie de son maintien, malgré les nuages qu'il sentait peser sur son avenir de vigneron, Jantet se faisait un peu l'effet de ces princes qu'on voit, à la fin des contes, épouser d'humbles demoiselles, et qu'on trouve sympathiques, en dépit de leur richesse. Dans la journée pourtant, malgré son bonheur, la beauté de Nathalie, la gaieté des uns et le pittoresque des autres, Jantet ne pouvait s'empêcher de tomber dans des rêveries. Entre deux chansons, lui montait à la tête comme un délire de souvenirs. L'image de sa mère venait s'associer à la joie générale; il avait honte de sa vie transfigurée alors qu'elle était morte aux mauvais jours. Il évoquait aussi tante Irma, avec le sentiment qu'il avait été injuste pour elle. Et lorsqu'il pensait à Lambert, un court vertige balayait son front... Ainsi, ce jour lumineux se peuplait pour lui de fugaces ombres, et à cela, on pouvait juger de la pureté de son cœur. Ses moments de gravité passaient inaperçus de tous, sauf de Nathalie. L'oncle Antonn les regardait en souriant. Jantet lui devinait pourtant le cœur lourd. Et lorsque l'oncle, empoignant sa guitare, lui avait dédié une chanson à boire, une chanson du vin, les paroles d'allégresse et d'oubli l'avaient rappelé à la gaieté et au courage.

Dès qu'ils furent installés dans leurs meubles, un lit d'occasion, une armoire, une table, quelques ustensiles de cuisine, il leur sembla qu'ils étaient invincibles. Cependant, bien des soucis les guettaient. Leurs journées étaient beaucoup plus pleinement consacrées au travail que leurs nuits à l'amour.

Nathalie secondait son mari de tout son cœur. Habituée à une vie d'incertitudes, elle ne voyait pas les difficultés de l'existence avec les mêmes yeux que lui. Elle était d'une nature ordonnée et paisible, jamais désorientée, ni jamais lasse. Jantet la sentait vivre pour lui, se priver pour lui. Elle lui rappelait sa mère.

Jantet avait rigoureusement ménagé son argent, mais il avait eu des frais imprévus et il éprouvait les mêmes transes que l'année précédente. Durant la morte saison, Tiritt l'avait délié de son engagement à l'année, et allait en journée dans la région pour ne pas lui créer de charge supplémentaire. Jantet était bien décidé à ne pas faire d'emprunt cette année-là, mais, aux approches de juillet, il dut avouer à Tiritt que son dernier carré d'écus était entamé. L'ouvrier le consola. Il lui conseilla d'acheter à crédit tous les produits de la campagne d'été. C'était pratique courante, même chez certains gros propriétaires qui feignaient l'embarras. Jantet se résolut à en passer par là.

Chanou le maraîcher, qui se louait avec son attelage, était venu pratiquer les labours de printemps. Jantet avait saisi plusieurs fois les mancherons. C'était un travail plein de délicatesses et de traîtrises. Il fallait veiller aux écarts du cheval, aux sursauts du soc, aux fantaisies de la ramure, aux faiblesses du poignet. La vraie difficulté était de tourner sans dommage à la fin du sillon. Dans son zèle, Jantet soulevait la charrue comme une plume et il imprimait des reculs brutaux au cheval. Chanou, qui était un pince-sans-rire, le félicitait. Puis, il lui prenait la charrue des mains... Le labour d'hiver, qu'il avait pratiqué lui-même, en « croisant et déchaussant », avait dégagé le pied des ceps et fait une crête dure entre les rangées. Il brisait la croûte d'un labour léger, ramenait la terre sur le pied des ceps, la nivelait. Toute sa manœuvre était faite de souplesse et de mesure. Le cheval avait l'air de flâner. Jantet s'exerçait à nouveau. Tout ce qui était fait avec calme était bien fait et lui donnait de la joie. Et Chanou mettait une sourdine à son ironie.

L'année fut plus humide que de coutume. La Tridoine, une terre à calcaires, un peu folle, où le plant américain s'adaptait assez mal, fut touchée par la chlorose. Un peu de coulure, que Tiritt attribua au manque de vigueur de certains carrés, se montra au Conquet. Mais ce furent le black-rot, l'oïdium et le mildiou qui alarmèrent le plus Jantet. Il apprit vite à les distinguer. Le mildiou anémiait la feuille, cependant que le black-rot la corrodait, la suppliciait, la parsemait de pustules de malemort, et que l'oïdium la poudrait d'une poussière terne comme un mauvais fard. Les grains étaient attaqués d'une manière aussi distincte. Le mildiou les faisait virer du vert au jaune livide, puis au rouge-brun; le black-rot les flétrissait et collait à leur pulpe ses chancres noirs; l'odïum les empoussiérait, les ridait. Ce n'étaient que cancers et avortements.

Jantet et Tiritt avaient traqué tout l'hiver, sous l'écorce, l'altise à l'entonnoir, l'écaille-martre à la main, la pyrale à l'eau bouillante, la fourmi au goudron, la noctuelle à la lanterne et le puceron à la chaux. Le cochylis les avait guettés au premier tournant de juillet. Mais c'étaient les parasites végétaux qui leur avaient donné le plus de peine et provoqué le plus de frais. Aspersions, badigeonnages, sulfatages et soufrages étaient répétés d'une vigne à l'autre, jusqu'à ce que, l'ennemi exterminé, la feuille eût repris ses fraîches couleurs. Il avait fallu faire un complément d'achats. Sulfates de cuivre, verdets, bouillies, poudres cupriques, rien n'avait été épargné. Juillet et août passaient maintenant comme une fournaise. *Le Verdet* avait grand air sous le feu du ciel. Les grappes grouillaient sous les feuillages comme des portées impatientes. Mais des ennemis les guettaient encore, des maladies ténébreuses ou bien la sécheresse, les grands vents, et cet épervier toujours suspendu dans les profondeurs du ciel : la grêle!

Au *Verdet*, on tremblait toujours. On se gardait du moindre orgueil. Peut-être même qu'en cachette, Nathalie, qui était superstitieuse, priait un de ses dieux. Tiritt était le plus calme. Dès qu'il prenait une fantaisie au temps, qu'un souffle malsain passait sur la plaine, la vigne marquait son émoi à des signes imperceptibles au profane, et Tiritt donnait tout de suite l'alarme. Toutes les terres qui environnaient *Le Verdet* étaient l'objet de la même observation maladive; toutes étaient secourues avec la même hâte. Les hommes et les machines sortaient tous à la fois, comme pour une guerre.

De juillet aux vendanges, au cours de ces trois mois d'attente et de fièvre, Jantet eut l'impression de porter le monde sur ses épaules. Il était entouré de risques et d'hostilité. Un fournisseur lui écrivit pour obtenir une avance sur les marchandises livrées; un deuxième le menaça de l'huissier. Jantet les croyait inspirés par la « noblesse » du terroir. Les Cambre d'Aze, les Figarola, ce vieux fou de Lacolomine qu'on voyait passer chaque soir sur son cheval, escorté d'une fantasia de chiens, M. Christine, maire et banquier de Clairac, les Sans-Lapeyrouse, les Rey-Amblard, toute une caste riche à millions, ne lui tenaient-ils pas rigueur de son franc-parler, de ses fréquentations, de sa parenté avec l'oncle Antonn même?... Encore que Tiritt s'acharnât à le désigner comme la cause de tous leurs ennuis, Jantet ne parvenait pas à craindre Marcerou. L'ancien régisseur passait quelquefois devant *Le Verdet*. Il était dans toute sa gloire de possédant, portait des bottes rouges et affectait une grosse gaieté. Toujours en quête d'une bonne fortune ou d'une querelle, il intimidait tout le monde. Jantet le devinait malheureux. Pourtant, lorsque Marcerou passait devant La Tridoine ou Le Conquet et qu'il lui criait, par-dessus la haie : « Ah! sacripant... Tu les pelotes tes vignes! Ce sont les plus belles du pays! », il ne pouvait retenir un frisson.

Ainsi, pendant que la santé de la vigne louvoyait entre les brumes perfides et les soleillées, qu'elle hésitait entre l'avortement et la maternité, les Paric et Tiritt attendaient, oppressés, haletants, un peu

comme des bêtes traquées. La réussite leur tenait à
cœur. Ils attendaient la récolte comme une revanche, un défi à toutes les hostilités, celles de la
nature et celle des hommes.

En août, la vigne se mit à vibrer comme une mer
au soleil, comme un vent qui enfle la voix, comme
un sein qui gonfle. *Le Verdet* rayonnait. Le carignan
était grenu et compact, l'aramon tirait sur le sar-
ment comme un limonier, et l'alicante, dans son
feuillage pourpre, semblait gorgé d'un sang noir. La
vendange approchait. Jantet et Tiritt mettaient la
cave en état. Ils risquaient un œil vers le ciel; ils ne
craignaient plus que lui, maintenant. Ils étaient
passés sans encombre à travers les gelées du printemps, les caprices d'avril, les torpeurs de l'été, les
orages et les maladies, mais la peur les tenait
encore. Lorsque le Canigou s'empanachait, ou que
du Conflent dévalaient des nuages blêmes, ils sentaient l'angoisse les saisir à la gorge. Ils suivaient la
marche des nuées. Elles allaient crever sur les
montagnes ou la mer. Parfois aussi, leur trombe
arrivait sur eux, caracolait au-dessus de leurs têtes,
concentrait ses colères, toute piquée par les dérisoires éclatements des fusées paragrêles, et enfin éclatait en éclairs, en tonnerres, en déluge de gouttes si
sonores et si rebondissantes qu'on les prenait un
moment pour des grêlons.

Enfin, un frisson agita le pays, un tremblement
léger comme il en passe sur la houle des blés mûrs.
On commença à cueillir autour du *Verdet*. On hésitait; on sélectionnait; c'étaient les plants malades
dont les grappes éclopées ne pouvaient attendre;
c'étaient les primeurs, le morastel, le bouschet. La
rumeur gagnait. Et soudain, ce fut l'onde puissante

dressant comme une armée des milliers d'hommes, de femmes et d'enfants.

« Nous commencerons lundi! dit Tiritt, un soir. L'alicante d'abord... »

Elle faisait de grosses taches écarlates au Conquet, comme une écharpe à La Tridoine. Une fantaisie de vigneron, il semblait. Mais Tiritt avait expliqué qu'il y avait la proportion convenable, de quoi passionner la couleur du vin. Le carignan se taillait la grosse part; c'était le raisin de base, ferme et rocailleux. Et l'aramon était chargé de verser sur le mélange son abondance et sa fraîcheur, de tempérer goût et couleur, force et densité, un peu comme ces jets d'eau glacée dont, au cœur des moissons, on aime couper les rasades. Les Tibaut étaient venus en troupe. Il fallut faire un tri dans la marmaille. On laissa les plus petits jouer sur la route. Le reste envahit la vigne. Nathalie et sa mère menaient la cueillette; elles encadraient Pierrou et Jeannette Tibaut à qui on avait confié une rangée à deux. Quant à Bertin et Delle, ils furent jugés assez grands pour tenir pied. Le père Tibaut essaimait les comportes, vidait les paniers, ventru, hilare, soûl de soleil et de joie. Avec Tiritt, Jantet avait repris ce rôle de *sumater* qui leur rappelait la naissance de leur amitié. Ils aidaient les petits Tibaut en cachette, avec des clins d'œil complices, et les enfants rattrapaient leurs retards à la stupéfaction générale. Malgré la fatigue et la chaleur, l'humeur restait belle, car il n'y avait pas de contrainte. Et puis, il y avait les pauses, le petit déjeuner, le goûter, et ces retours au *Verdet* où Nathalie, rentrée avant les autres, dressait des tables où régnait l'abondance.

Chanou venait rentrer les comportes pleines le soir, et il restait à dîner. Jantet louait son cheval aux labours et à la vendange. Cet ancien vigneron s'était fait maraîcher. Son mépris de la vigne, son reniement plutôt, l'avaient rendu célèbre dans le terroir. Dans le temps, il possédait un des plus beaux carrés du village; ses parents et lui-même en avaient vécu fort longtemps. Mais, à la suite de plusieurs récoltes malheureuses, il s'était laissé gagner par la colère; il avait arraché sa vigne; il en avait fait un bûcher. On le considéra longtemps comme un fou. Maintenant, c'était Chanou, le maraîcher... Il avait fait de sa vigne un immense jardin entretenu avec passion. Il fournissait deux villages en légumes. Il était presque riche. Il achetait son vin. Il aimait le vin tout fait. Le vin tiré. Le vin servi frais. Mais il continuait à haïr la vigne. Et tout le monde l'aimait bien, malgré ses sarcasmes et son esprit.

« Tu y viendras à l'arrachage! disait-il à Jantet, cependant que la tablée éclatait de rire. Tiens, à moi, les bras m'en font mal encore! J'ai arraché huit jours et huit nuits de suite. Ma femme et mes vieux pleuraient sur mes talons. J'en avais jusque-là de leur vigne. Nom de Dieu! Je leur disais, on dirait que vous n'avez pas connu le phylloxéra!... Ils y étaient passés, les misérables! Ils avaient mangé de la motte dix ans d'affilée! Ils en étaient encore maigres! Ils en rêvaient! Ils en crevaient! Et ils voulaient me passer la maladie? Ah non! merde que j'avais dit! »

Les rires reprenaient. Les petits Tibaut regardaient Chanou avec des yeux pleins d'effroi. Et Jantet avait beau s'en défendre, l'évocation de ce drame lui entrait dans la peau comme une eau froide.

Tiritt se souvenait à peine des désastres provoqués par le phylloxéra, mais Chanou les avait vécus. Il en restait comme horrifié.

« Tu as vu le microbe de la peste, toi? demandait-il à Jantet qui le questionnait. Tu ne l'as jamais vu hein? Moi non plus... Personne ne le voit... Pourtant, il te rase une ville en quatre nuits!... Eh bien! le phylloxéra, c'était pareil! Ça commençait par une mouche un peu plus grosse qu'un puceron, une mouche d'or, avec quatre ailes. Elle pondait dans les duvets de la feuille, bien au chaud la salope! Et un savant te raconterait ça mieux que moi, il sortait des mâles et des femelles qui faisaient l'amour comme quarante, il paraît... Et tu sais ce qui sortait de tout ce tralala d'amour! Un œuf! Un œuf tout seul! Un sacré cochon de fils unique!... Il attendait le printemps pour donner sa larve, une garce qui pissait des œufs deux mois d'affilée. Et tout ça allait s'installer dans les racines... J'ai suivi ça de près! Je ne suis pas un savant, moi, mais les racines de la vigne, c'était mes tripes!

— Mais maintenant il n'y a plus de phylloxéra! » risquait le père Tibaut.

Chanou le foudroyait du regard.

« Pour toi qui n'as pas de vigne, et pour moi aussi, c'est sûr! Mais pour ceux qui en ont il y a toujours du phylloxéra, tu entends! Appelle-le mildiou, rott gris, oncle ou nourrice, je m'en fous! tu as compris! »

La gaieté rebondissait, et Tibaut riait comme les autres.

« Pourtant, disait Nathalie, que la confusion de son père piquait au vif, vous n'avez pas l'air si tranquille que ça avec votre légume! Vous vous plaignez tout le temps!

— Ma fille! faisait comiquement Chanou, je serai

brave avec toi parce que tu es jolie et que tu m'achètes... je vais te dire la vérité... Mon jardin, il m'aura la peau peut-être, mais il y mettra le temps! Si tu gèles l'artichaut, tu te rattrapes sur l'escarolle; quand une chose meurt, tu peux dire que c'est ta faute, il n'y a pas à prier Dieu, comme pour votre vigne! Et l'aubergine, qu'est-ce que tu m'en dis? J'ai dans l'idée que tu en raffoles!

— Allez! Tais-toi, il y a des enfants! criait la mère Tibaut.

— Tu as raison, je vais me taire... Mais je ne sors pas de là. Votre vigne, que voulez-vous que je vous dise, c'est tout un comme de la merde!... Jantet! verse-moi une rasade tu veux? Merci... Avec la vigne tu gagnes tout, mais tu perds tout! Si tu gagnes, tu fais le fiérot tout l'hiver, et si tu perds, tu es sur la paille! Moi, j'en ai soupé... N'en parlons plus... Excusez-moi, mes enfants, et toi aussi Nanette, pour le respect que je te dois, mais votre vigne, je me la fous au cul!

— Ah! disait Jantet, une fois les rires tombés, si Mme de Cambre d'Aze vous entendait!

— Eh bé, eh bé! répondait Chanou, un moment décontenancé par le nom de sa riche et prude cliente, si elle m'entendait... elle se boucherait peut-être pas les oreilles! Dis donc! est-ce que par hasard on l'a consultée, ta Cambre d'Aze, pour foutre la vigne au cul des statues?... »

C'était bon de rire. C'était doux. Ils en profitaient. Ils tapaient dans Chanou, tous les soirs, comme dans un sucrier.

Après la vendange, la joie tomba. Pas un courtier ne se présenta pour enlever le vin qui mijotait dans les cuves. Du vin au goût sûr, fruité, et franc comme l'or!

« Marcerou... Marcerou... » ne cessait de répéter Tiritt.

Ce furent des jours amers. Il fallut attendre deux mois avant de convaincre un acheteur. Mais le sort fut charmant. Les vins avaient subi une hausse sensible, et Jantet fut largement dédommagé de ses transes et du temps perdu à dorloter le vin en cave.

Alors, un moment glorieux vint pour lui. Il fit le compte de ses dettes, régla les fournisseurs, l'arriéré des labours et des salaires de la vendange. Tiritt calcula que les frais d'entretien de l'hectare, labours, binages et entrepiquages compris, n'avaient pas atteint trois cents francs. Lorsque Jantet lui régla son dû en y joignant une largesse, il ouvrit de grands yeux. Sa surprise illuminait Jantet comme un rayon de soleil.

III

JANTET pensait quelquefois encore à Lambert. Avec
le temps, son secret lui paraissait moins lourd. Il en
ressentait pourtant toujours le poids, mais il n'avait
jamais eu la tentation ni la faiblesse de s'en alléger
sur quiconque, pas même sur Nathalie dont la
sérénité lui importait trop, pas même sur l'oncle
Antonn dont l'indignation eût pu compliquer les
choses. Une fois pour toutes, il avait remisé la
breloque accusatrice au fond d'une bourse qu'il
portait toujours sur lui, et qui était le seul objet, la
seule préoccupation de sa vie qu'il cachât farouchement.

Un soir qu'il rentrait des champs, heureusement
las, le cœur purifié de souci par une rude journée
de travail, Lambert entra soudain à nouveau dans
sa vie. Ce fut d'une manière banale, par une lettre
que Nathalie brandissait joyeusement dans le crépuscule, un de ces innocents messages de *La Planouze* qui déchaînaient chaque fois un flot de com-
mentaires et d'émotion. Julie y donnait des nouvelles de la famille, de la santé, des travaux. Mais, pour
la première fois, le nom de Lambert était venu sous
sa plume, et ce nom incendiait la page. Il ne

s'agissait pas de grand-chose. Lambert était monté à *La Planouze*; on l'avait retenu à déjeuner; il se rappelait au bon souvenir de tous... Mais il sembla à Jantet que ses jambes se dérobaient sous lui.

Quelques jours durant, cachant son émoi à Nathalie, éludant calmement, gentiment, les questions qu'elle lui posait, Jantet ne cessa de penser à Lambert, s'efforçant de pénétrer les raisons de sa visite. Il avait entendu dire que les criminels sont parfois irrésistiblement tentés de revenir sur le lieu de leur forfait. Peut-être aussi Lambert gardait-il le dérisoire espoir de retrouver cette breloque qu'il avait eu l'effroi de ne plus retrouver à son poignet. Curiosité morbide, besoin de se rassurer, remords ou bravade? Jantet s'attachait à ces hypothèses de toutes ses forces, parce qu'elles avaient quelque chose de rassurant, qu'elles lui en masquaient une autre, si monstrueuse qu'il n'osait la regarder en face.

Il savait Lambert capable des pires aberrations, des entraînements les plus insensés. Il ne pouvait se défendre d'un frémissement à la pensée que son ancien camarade avait vu Julie, lui avait parlé, essayé de lui plaire sans doute. Et si l'espoir, le fol espoir de la séduire, de l'épouser, lui était venu, l'avait effleuré même!... Ah! rien que d'y songer, Jantet sentait son poil se dresser sur sa peau! A ces moments, il pensait aux faucons qui serraient leur ronde, certains jours, au-dessus de *La Planouze*, ces faucons que Père Piu suivait de l'œil, le cœur étreint de colère et d'angoisse. Lui aussi, Lambert, venait planer, avec ses instincts de rapace, au-dessus d'un bonheur innocent. Jantet serrait les poings sur le manche de sa bêche, comme s'il eût tenu un fusil...

150

Il décida soudain de secouer cette hantise et partit pour *La Planouze*. Il s'arrêta d'abord à Evolette, chez les Garrouste. Il fut tout de suite frappé par le calme de la ruette, naguère vibrante des éclats de la forge. Tout avait pris un air maussade et abandonné. Pourtant la boutique était restée la même; l'enclume se carrait au milieu; le gros soufflet, au contrepoids de granit verdi, restait suspendu comme un dirigeable à l'attache, et la sauvage odeur de mâchefer flottait toujours sous les poutres.

Le père Garrouste n'avait pas trop vieilli, mais l'âge avait marqué Finotte. Ils exigèrent que Jantet leur contât sa vie sans rien omettre; ils hochaient la tête; ils étaient ravis. Le vieux Garrouste se retirait peu à peu du métier; il ferrait encore les chevaux et bricolait. Finotte soupirait et geignait. Quel ressort s'était brisé en elle? Le cœur sans doute. Jantet ne pouvait penser au cœur de Finotte sans rougir.

Un peu angoissé, Jantet attendait qu'ils parlassent les premiers de Lambert, mais ils n'en finissaient pas, l'un et l'autre, de faire le tour des familles, des affaires et des événements. Finotte en parla la première. Lambert était venu à Evolette deux fois depuis qu'il était au régiment. Sa dernière visite remontait à un mois à peine. Il était passé brigadier. Elle en éprouvait une fierté de maman.

« Ah! ça fait plaisir de le revoir! dit le père Mathieu. C'est un vrai cuirassier, comme on en faisait de mon temps!

— Il est content de son métier? demanda Jantet.

— S'il est content? Très content, même. Il attend les galons de maréchal-des-logis... Il a bien fait de ne pas moisir ici!

– Il n'est pas encore marié? dit Jantet, s'efforçant à sourire.

– Non, répondit Finotte avec une nuance d'indignation. Je me demande ce qu'il attend!

– Poh! poh! fit Garrouste. Comme si tu ne le connaissais pas! Tu sais bien comme il était! Il sautait de l'une à l'autre!

– Oui... dit Jantet. Qu'est-ce qu'elle est devenue Honorine?

– Honorine? fit le vieux, le front plissé.

– Oui, bêta! cria Finotte, l'Honorine du café Barris! Tu sais bien, cette petite brune qui les rendait fous?

– Ah! je vois... je vois... Qui sait où elle campe maintenant! »

Il y eut un silence.

« Il paraît qu'il est monté à *La Planouze*, Lambert?... demanda Jantet. Ma sœur nous l'a écrit.

– Oui, oui... répondit Garrouste avec empressement. Figure-toi que cette idée l'a pris tout d'un coup, la dernière fois qu'il est venu. Tiens! il nous a dit un soir, j'ai envie de revoir le haut-pays... Il était monté une fois avec toi... Tu te souviens bien? La fois où ta pauvre tante vous a fait une conduite de Grenoble!

– Je me souviens très bien! dit Jantet.

– A sa première permission, on lui avait raconté toute l'histoire : l'assassinat de ta tante, l'arrestation d'Antonn, l'héritage... Il ne savait rien de tout ça! Tu ne saurais croire comme ça lui a fait plaisir cette affaire de l'héritage! « Ah! il disait, ce veinard de Jantet! C'est un malheur pour la vieille, mais c'est pas un malheur pour lui! » C'est un philosophe, Lambert...

– En effet! dit Jantet.

– Il voulait tout savoir. Comment vous aviez partagé. Comment c'était ton *Verdet*... Il voulait aller te voir. Il était content comme si ç'avait été son affaire. Oh! malgré ses airs, il t'aime bien, tu sais!

– Tu peux le dire! » enchérit Finotte.

Jantet les regardait, la vieille suspendue aux lèvres du vieux, béats, extasiés.

« Et alors, fit-il, presque haletant, quelles nouvelles il a rapportées de *La Planouze*?

– Il est revenu enchanté! dit le vieux. Quand ils ont appris, là-haut, que c'était ton copain, ils lui auraient tout donné! Il paraît que Julie, c'est une perle! Il en avait le souffle coupé!

– Eh! fit Jantet, ils ne nous préparent pas un mariage, ces deux-là?

– Pourquoi pas? intervint Finotte. Tu crois que ça ferait un si mauvais couple?

– Oui... répondit Jantet, sur un ton coupant. Oui, Finotte... Un très mauvais couple, ça ferait! Julie n'est pas pour Lambert! il est trop joueur, trop coureur!

– Bêta! ce sont des choses qui passent! dit Finotte.

– Il est aussi trop vicieux, trop malhonnête!

– Tu veux te taire!

– Allons, allons... fit le vieux, vous n'allez pas vous disputer! On ne t'a rien dit de mal, Jantet! Lambert a trouvé ta sœur très jolie... Ça n'est pas allé plus loin! Vous autres, vous mariez les gens tambour battant! »

Jantet arriva à *La Planouze* tout agité. Il embrassa son père et Julie avec une sorte d'emportement.

« Je m'ennuyais de vous! » leur dit-il.

Julie était une vraie femme maintenant. Elle était fraîche, gonflée de sève. Une perle, oui... Jantet n'avait d'yeux que pour elle.

Les premières effusions passées, chacun avait repris son travail. Julie distribuait la besogne. Elle cria :

« Père Piu! Il vous est arrivé un aide! »

Père Piu arriva poussant une brouette.

« Tant mieux! dit-il. Ça commençait à se faire tirer! »

Tout le matin, Jantet et Père Piu transportèrent des pommes de terre du champ au hangar. L'atmosphère de *La Planouze*, la gaieté de Julie, la bonhomie du vieux Paric, la simplicité de Père Piu, avaient soudain rasséréné Jantet.

« Alors, il paraît que vous avez eu la visite de Lambert? demanda-t-il au domestique, dès qu'ils furent seuls.

— Oui... dit Père Piu, sans hésiter sur le souvenir, mais décidé à la prudence, en vrai paysan qu'il était.

— Vous le connaissiez déjà? Il était venu une fois avec moi, du vivant de tante Irma. Vous vous souvenez?

— Diantre, si je me souviens! Y n'a pas plu à la patronne. Et à moi, qu'est-ce que je dirai...

— Et cette fois, il vous a plu davantage?

— Eh bien, cette fois, y n'était pas pareil. Y n'avait plus l'air de se moquer du monde. Ça, il a été correct! L'armée, ça dresse! »

Il eut un petit rire mystérieux.

« Avec moi, il était comme un enfant, tout drôlet... Y m'a fait faire le tour des prés. Y n'est pas connaisseur. Y disait de ces bourdes! Figurez-vous qu'y voulait à toutes forces trouver des mûres en

154

mars, là-bas, aux ronciers du pré Boulu! Et y cherchait, y cherchait... »

Jantet eut un haut-le-corps.

« Julie n'en est pas tombée amoureuse, au moins? dit-il en riant.

– Ah ça! C'est pas mon affaire! Mais j'ai idée que si elle veut se marier avec un garçon d'ici, elle a qu'à lever le doigt.

– Ça me fait plaisir! dit Jantet. Qui il y a?

– Euh... Vous me ferez peut-être trop parler! Y sont trois ou quatre qui tournent autour. Y a Ricord du mas Bourgat. Y a Thomas Chinaud de Valmigère... »

L'heure du repas arriva vite. Jantet était heureux, presque délivré. Il lui semblait que le passage de Lambert n'avait pas fait de gros ravages. Les Garrouste lui avaient fait peur... Maintenant, il n'était plus sûr de ce qu'il dirait, ni même s'il était utile de décocher quelque flèche à Lambert.

Au déjeuner, le nom de Lambert vint tout seul sur les jolies lèvres de Julie. Elle le prononça plusieurs fois avec une sorte de ravissement. Le Père Paric avait trouvé au jeune homme de la santé, de la prestance, et même un certain charme. Soudain, Julie se leva, alla ouvrir un tiroir, et apporta à Jantet une carte postale.

« C'est joli, là où il est! » dit-elle.

C'était une vue de Fourvières. De son écriture écrasée par l'application, Lambert envoyait son bon souvenir et promettait une nouvelle visite. La carte était adressée à Julie, et Jantet l'en sentait flattée, comme oppressée d'orgueil. Alors, il redevint sombre. Il rendit la carte à Julie qui s'empressa de la replacer dans le tiroir. Lorsqu'elle revint prendre place à table, Jantet la regarda gravement et lui dit :

« Avoue qu'il te plaît, ce Lambert!

— Il n'est pas déplaisant! dit-elle, un peu surprise par le ton de son frère.

— C'est même un beau garçon! dit le père Paric.

— Oui... fit Jantet, toutes les femmes qu'il a séduites, puis abandonnées, ont dû penser comme vous, au début! »

Julie partit d'un éclat de rire, cependant que la confusion l'empourprait.

« Qu'est-ce qui te prend, Jantet! s'exclama-t-elle. Qu'est-ce que tu te figures?

— Rien... dit Jantet. Mais je ne suis pas content que Lambert soit venu rôder autour de vous. Je le connais! Il n'a jamais porté bonheur à personne! »

Julie baissait les yeux. Jantet craignit qu'elle n'essayât de pénétrer le mystère des paroles qu'il venait de prononcer, qu'elle les prît même pour un accès de bizarre jalousie.

« Croyez-moi... reprit-il. Lambert n'est pas digne d'amitié! Il ne faut pas qu'il revienne ici. Ou alors, il aura affaire à moi! »

Il feignait de s'adresser aux deux vieux, mais c'était Julie qu'il espérait frapper en plein cœur.

Le père Paric parla aussitôt d'autre chose. Et il sembla que Lambert était oublié à jamais.

Tout le reste du jour, Jantet se montra affectueux et gai. Il observait Julie. Le café avalé, elle avait remis la maisonnée en train, et elle-même courait de la basse-cour à l'étable, de la cuisine au hangar, et elle tisonnait bêtes et gens avec bonne humeur. Elle avait donné du bois à fendre à Jantet et le taquinait :

156

« Tu n'es pas venu ici pour flâner! Il faut gagner ta soupe! »

Jantet riait. Cette Julie, oui, il ne la reconnaissait pas tout à fait. Il se rappelait ce que l'oncle Antonn lui avait dit, ces derniers temps, « qu'elle commençait à montrer un côté tante Irma », le goût forcené du travail et du profit. Elle avait dû bousculer l'oncle quelque jour, lui proposer de gagner sa soupe!

Jantet était heureux. Il cognait allégrement, à en tremper sa chemise des dimanches. Les coins de fer entraient dans le bois en gémissant. Il lui semblait que chaque coup se répercutait dans le cœur de Julie, y ancrait les âpres vertus qui devaient pour toujours l'enchaîner à la terre.

IV

Nathalie se trouva enceinte. C'était quelque temps après la vente de la récolte. A une autre époque, l'événement eût assombri le jeune ménage. Lorsque sa femme lui fit part de la nouvelle, Jantet la regarda gravement, comme quelqu'un qui va exiger des comptes. Puis, ils rirent... Que celui ou celle qui allait venir fût le bienvenu! Il ne serait pas le fruit d'un amour timide, ni morne, ni d'une de ces exaltations de hasard dont on s'efforce de retrouver la date et la cause d'un air consterné. Il serait venu dans une bagarre de chairs tendues et joyeuses.

Tiritt fut un des premiers avertis. Il hocha simplement la tête et fit : hé! hé!... cela pouvait signifier qu'il arrivait de plus grands malheurs. Que savait-il de l'amour, le bon Tiritt, la quarantaine largement dépassée? Quelles désillusions ou quels secrets gîtaient en lui? Il vivait seul depuis la mort de sa mère, dans un logis modeste où les choses traînaient un peu. Qu'aurait-il pu dire de plus?

Le père et la mère Tibaut se montrèrent moins discrets. Ils savaient à quoi s'en tenir. Depuis leur mariage, ils geignaient sous le poids des enfants. Ils en étaient chargés comme un vieux manège, un vieux manège sans musique.

« Si elle est comme Nannette, dit le vieux, en désignant de la tête sa femme et sa fille, tu ne fais que commencer! »

Et il se mit à expliquer à Jantet, au milieu des protestations des deux femmes, avec cette mollesse d'accent qui irritait comme une pipe qui tire mal, qu'à lui aussi, le premier enfant, ça lui avait fait plaisir encore que ce fût une fille, que le second, ça lui avait fait plaisir encore parce que c'était un garçon, mais que par la suite, il s'en était ajouté un peu trop!

« Tais-toi, grosse bête! » lui disait sa femme.

Mais il la laissait protester.

« Nous sommes arrivés à dix! reprenait-il. Nous en avons perdu deux tout petits. Ça vient tu ne sais pas comment. Ou plutôt, écoute, on ne me sortira pas de là, c'est la nature de la femme, tu comprends!

— Tu crois qu'il se taira! criait la mère à Nathalie.

— C'est ça et pas autre chose! répétait le vieux. La nature de la femme... Si tu tombes sur une femme qui a la nature de retenir...

— Si tu continues j'attrape le balai!

— ... tu es cuit et recuit! On ne me fera pas dire le contraire! Nannette, tiens, tu l'entends... Elle crie... Ça l'embête que je parle de cette chose... Et pourtant, c'est vrai! C'est sa nature de retenir... il y a des femmes comme ça... Elles retiennent comme qui dirait une cruche poreuse... »

Jantet n'avait jamais vu la mère Tibaut aussi vexée.

« Une cruche poreuse... Une cruche poreuse...

répétait-elle. Et toi donc, qu'est-ce que tu es, vieux cochon ! »

Ce fut un garçon, et ils l'appelèrent Jacques, comme le père Paric. Il naquit en septembre, en pleine vendange. Une belle grappe de chair rougeaude, un vrai muscat rouge ! L'odeur du moût flottait dans la chambre. Par la fenêtre ouverte entraient des rumeurs, des jurons, des cris d'essieux. Les cigales jouaient du crincrin, les taons du tambour. Les guêpes étaient soûles et les moineaux fous. Le ciel était d'un bleu de lessive, et dessous, le soleil flambait comme un feu de bûches. Tout chavirait dans l'odeur, la couleur, la musique. Un pressoir lointain battait la mesure. Jantet prit un grain de grenache rouge. Il avait un gros air bête. Il se pencha sur le berceau et fit gicler une goutte pourpre sur les lèvres du garçon. Et comme, de tous côtés, on le traitait de fou, il écrasa le grain sur le front, et le baptême fit éclater l'enfant à grands cris.

L'oncle Antonn vint au *Verdet* comme le pressurage finissait. Nathalie était déjà tout alerte et le petit Jacques, bien dru, goulu et braillant, présentait les marques d'une vigueur prometteuse. Lorsque l'oncle se pencha sur le berceau, Jantet s'avisa qu'il avait grisonné et vieilli, et il en éprouva un petit serrement de cœur.

Des luttes électorales commençaient. L'oncle Antonn était encore tout chaud des premières bagarres. Il avait grandement contribué à affaiblir le crédit politique de maître de Montredon. Sa popularité croissait. Le zèle de ses partisans l'excédait ; d'un revers de main, il balayait leurs petites combinaisons. Après avoir tancé le conservateur, il fonçait sur le radical. Il s'acharnait avec une volupté accrue sur ces politiciens, antimilitaristes et anticléricaux de façade, que durant vingt années on devait voir donner du croc dans le curé et de la griffe dans le militaire, comme vital, comme nécessaire à leur ascension. L'oncle Antonn les comparait à ces employés du télégraphe qu'on voit monter aux poteaux, un crochet à chaque talon. Il faisait rire. Mais tous les blocards du pays criaient à la trahison.

Jantet s'attendait à trouver l'oncle Antonn heureux de ces revanches, mais il semblait que le vieux réfractaire ne connaîtrait jamais une joie durable. Dans le Midi, dans ces provinces au sang chaud, le sentiment de la liberté restait assez vif. Mais Paris se pâmait dans les bras du boulangisme, et l'oncle Antonn lui montrait le poing, l'accusant de tuer une deuxième fois les trente mille morts de la Commune. Jantet ne comprenait pas très bien. Les luttes politiques restaient pour lui comme une musique un peu sourde. Il en éprouvait plus d'agacement et de méfiance que de passion, car il devenait un vrai paysan.

Il demanda à l'oncle Antonn s'il ne le méprisait pas, maintenant qu'il était devenu propriétaire et aspirait à plus encore d'aisance. Le vieil homme lui assura, avec un sourire triste, qu'il ne voyait là rien que de très louable. Il lui dit qu'il ne prétendait pas proposer sa vie en modèle, qu'il était revenu de pas mal de choses, que la liberté et l'indépendance absolues étaient des illusions, qu'il considérait enfin qu'on pouvait rester un « homme » dans toutes les situations, presque dans toutes les conditions. Il lui dit encore qu'il y avait un moyen de mettre sa conscience en paix : c'était de vivre avec simplicité, sans rêver de richesse ni de puissance qui conduisaient inévitablement aux injustices; c'était de vivre généreusement, en faisant du soulagement et de la libération d'autrui les conditions de son propre bonheur.

Et ainsi, avec une émotion grandissante, ses yeux attachés aux yeux de Jantet, l'oncle Antonn lui traçait sa route. Ils étaient d'accord. Un même instinct les animait. Et Jantet imaginait l'oncle Antonn, très vieux, las des chemins et des croisades, acceptant un jour de venir finir sa vie au *Verdet*.

Après quelques saisons d'un travail acharné, *Le Verdet* se trouva complètement relevé, peut-être même plus opulent qu'au temps de la gloire des Tarting-Fargue. La vigne était en plein rendement. Pas un cep ne boudait. Pas une orée n'était affligée de sujets débiles. Les plants nouveaux s'étaient bien adaptés, et, en portant leurs premiers fruits, semblaient participer à la bonne volonté générale. Le Conquet, Monastir, et même les terres folles de La Tridoine, montraient une vigueur et une santé qui faisaient penser aux performances d'athlètes dans le plein de leur forme. Pas une dette ne traînait, et depuis longtemps il y avait un cheval à l'écurie, une bonne bête placide qui répondait au nom de Bijou. Le hangar remis à neuf s'était meublé d'outils nouveaux, houes, bineuses, scarificateurs, charrues vigneronnes, défonceuse, rouleau, hache-sarments, soufreuses-torpilles, pulvérisateurs. Un pressoir neuf se recueillait sous sa bâche verte; il avait chanté deux automnes dans la cour du *Verdet* et dans les caves des petits propriétaires de La Saline que d'heureux revirements avaient rapprochés des Paric. La cave était convenablement équipée. Avec sa nouvelle cuve maçonnée de cent hectolitres, ses tonneaux alignés sur deux rangs, sa pompe et son fouloir, sa grue au bras tendu vers la lumière comme un bras de déesse, son dallage neuf et ses murs blanchis à la chaux, elle avait vraiment grand air. Tiritt avait fait reculer Jantet devant l'achat d'un deuxième cheval, mais il l'envisageait pour la prochaine saison. La maison venait aussi de subir des changements. C'était une bâtisse assez basse, comme on en voyait beaucoup dans le vignoble, mais se rachetant par sa surface, ses murs épais, ses larges ouvertures, toutes particularités qui l'adaptaient merveilleusement au climat. Mais, si spacieuse qu'elle fût, les Paric avaient jugé qu'elle ne suffirait bientôt plus à leurs besoins. Leur petit Jacques grandissait. Ils envisageaient un avenir embelli de visites et d'accueils. Julie se déciderait bien quelque jour à venir au bras d'un mari. Et l'oncle Antonn n'arrêterait-il pas bientôt sa pérégrination pour venir s'installer au *Verdet*?... Le maçon et le menuisier avaient transformé le grenier; dans les fenêtrons et l'œil de bœuf donnant sur l'horizon de la mer, ils avaient taillé deux grandes fenêtres; et Nathalie se chargeait de meubler peu à peu ce nouveau quartier lumineux et tranquille.

Dans cette montée vers l'aisance, les Tibaut n'avaient pas été oubliés. Ils se seraient peu à peu retirés du *Verdet* si Jantet n'avait laissé parler sa générosité. Il avait attaché le père de Nathalie à la propriété, lui assignant toutes sortes de tâches qui en faisaient tour à tour un surveillant, un glâneur, un bricoleur, une sorte de gardien bon enfant. Le jardin était si luxuriant que les deux familles y

164

puisaient sans jamais le tarir. Les Tibaut avaient leur part de soins et de bénéfices au poulailler, au clapier, en attendant cet élevage de cochons qui devait poser un problème difficile, mais qu'ils avaient juré de résoudre. Ils étaient enviés de tous les pauvres du village.

Malgré cela, les Paric n'étaient pas riches. Ils comptaient avant d'engager la moindre dépense. Mais la vie modeste que leur permettaient leurs ressources leur paraissait fort belle, car ils la vivaient dans sa plénitude, dans sa probité la plus absolue. Ils avaient conscience d'être l'axe d'une grande roue, lente et harmonieuse, dont tous les rayons partaient de leur cœur et revenaient à leur cœur.

V

Les jours passaient, et Julie ne se décidait toujours pas à se marier. Il y avait plusieurs prétendants à sa main et il sembla un moment que les chances de Thomas Chinaud se précisaient, mais Julie ne se pressait pas de l'accueillir. C'était un sujet de sombres réflexions pour Jantet. Dans ses lettres, il marquait sa surprise, sur un ton enjoué et prudent, car le caractère volontaire de Julie s'affirmait. L'oncle Antonn en avait reparlé. Julie devenait autoritaire, tracassière même. Certains jours, Jantet l'imaginait toute semblable à tante Irma et écartant la famille de son foyer. Mais le plus souvent, c'était à Lambert qu'il pensait. Il n'était pas parvenu à le chasser du nombre de ses soucis.

Lambert était revenu à *La Planouze*, mais cette fois Julie ne lui avait pas fait part de cette visite. Il l'avait connue par l'oncle Antonn. Que se passait-il dans le cœur de cette Julie, naguère si puérile et limpide comme un ruisseau? Après ce que Jantet lui avait dit, n'eût-elle pas dû éconduire l'affreux galant? Et le père Paric, d'ordinaire si subtil, pourquoi restait-il silencieux, pourquoi ne donnait-il point l'alarme?... Jantet voyait tout en noir. Il imaginait une correspondance entre Lambert et sa sœur, un monstrueux complot. Il attendait une preuve, même pas cela, le plus petit symptôme. Alors, il n'hésiterait pas une seconde. Il irait voir Lambert, où qu'il se trouvât, et il le briserait!

L'occasion arriva. Un matin que Jantet travaillait à La Tridoine, le facteur lui remit une lettre de Lambert. Le sécateur se mit à trembler dans sa main. Il était tellement ému qu'il dut s'asseoir. Lambert lui reprochait son attitude hostile, exigeait une explication; si elle lui était refusée, il menaçait de venir la chercher... Cette délivrance que Jantet attendait depuis tant de jours, voilà qu'elle lui était offerte subitement. Et maintenant, il tremblait... Il relut la lettre plusieurs fois. Il se leva, regarda sa vigne, fit quelques pas. Des mottes s'écrasaient sous ses pieds avec un bruit soyeux. Le sang-froid lui revenait peu à peu comme si la force de sa terre l'eût inspiré, galvanisé. Il chercha à deviner ce qui s'était passé. Lambert reçu sans chaleur à *La Planouze*, Julie lui opposant une résistance qu'il ne s'expliquait pas... Peut-être lui avait-on fait comprendre qu'il n'aurait rien à espérer tant que Jantet ne serait pas revenu de ses préventions à son égard? Il pouvait y avoir un peu de Finotte Garrouste, là-dessous... De toute évidence, Lambert avait vu en Jantet le principal obstacle à son projet. Mais avait-il seulement un projet? Espérait-il vraiment épouser Julie? Jantet avait beau connaître Lambert, mesurer son inconscience, son degré d'avilissement, il ne se résolvait pas à le croire capable d'une telle monstruosité. Il se rabattait sur une hypothèse plus valable, plus honorable : c'était que Lambert, seul avec son secret et ses remords, éprouvait le besoin de se rassurer, de trouver de l'amitié au cœur même de son tragique passé... Que ne pouvait-il se passer dans l'âme d'un misérable associant courage et lâcheté au point de les confondre? Hélas! quelles que fussent les intentions de Lambert, le péril subsistait. L'heure d'une explication était venue. Il fallait agir!

Il annonça à Nathalie qu'il était obligé d'entreprendre un voyage et partit le lendemain pour Lyon. C'était la première fois qu'il sortait des frontières de sa province. Mais, les yeux fixés sur les paysages, les étangs, la mer, les fleuves, il n'apercevait que son drame intérieur. Il arriva dans la ville immense, toute fumeuse de brouillards, entra dans le premier hôtel rencontré, dormit quelques heures, guettant l'apparition du jour à la fente des volets.

Au matin, après de longs tâtonnements à travers la ville et la banlieue, il arriva devant la caserne du 10e cuirassiers. C'était une grande bâtisse entourée de hauts murs aux plâtres croulants. Des soldats en bourgeron blanc éclairaient le rectangle des fenêtres. Un bruit de pas, de galops ferrés, d'appels et de rires, passait par-dessus l'enceinte. Une sonnerie de clairon, que Jantet reconnut pour celle de la soupe, éclata tout près, se répéta plusieurs fois, de plus en plus assourdie, s'en fut mourir au loin. Jantet s'était guindé, et ce fut d'un pas raide qu'il aborda le factionnaire. On le fit attendre devant la salle de garde. Au bout d'un temps qui lui parut interminable, le soldat qu'on avait envoyé à la recherche de Lambert revint d'un pas traînant, et dit :

« Il va venir... »

Dans ses gros souliers, sur lesquels la glèbe du *Verdet* avait laissé sa trace, Jantet attendit. La molle animation de la caserne, l'aspect de lassitude et de flânerie de tous ces hommes, quelquefois galonnés, qui allaient et venaient, faisaient ressurgir dans son cœur de terrien la défiance du paysan pour le militaire, l'ancestrale hostilité du travailleur pour le paresseux. Il ne se sentait nullement intimidé, comme il l'avait redouté un moment, mais plus ferme, plus sûr de ses vertus, plus résolu que jamais à écarter le péril qui rôdait autour de Julie et de lui-même, de leurs vies honnêtes et laborieuses.

A la fin, Lambert parut au lointain de la cour, sous le porche de l'entrée centrale. Malgré la distance et l'accoutrement, Jantet le reconnut tout de suite. Il s'avança à sa rencontre, par besoin de vaincre sa nervosité autant que pour parler sans témoin.

« Mère de Dieu! s'exclama Lambert, à distance. Qu'est-ce que tu viens faire ici? »

Il était sincèrement surpris, gouailleur, un peu condescendant, comme au vieux temps d'Evolette.

Jantet le regarda droit dans les yeux, sans saisir la main qu'il lui tendait.

« Je suis venu te parler! » dit-il.

Lambert, encore souriant, pencha un peu son grand corps.

« Qu'est-ce qu'il y a? demanda-t-il. C'est ma lettre qui t'a fait venir?

– C'est ça, et c'est autre chose! répondit Jantet.

– Eh bien, dit Lambert, soudain inquiet, parle! Mais, ne restons pas là... Arrive avec moi jusqu'à la cantine... On sera mieux pour causer. »

Il se mit à marcher devant, et Jantet le suivit. Des soldats, agitant leurs gamelles, se pourchassant, criant, les croisaient en tous sens. Dès qu'ils eurent tourné l'angle du bâtiment et qu'ils se trouvèrent seuls, Jantet s'arrêta.

« N'allons pas plus loin! dit-il. Ce que je veux te

dire n'est pas long, et je préfère te l'apprendre tout de suite! »

Lambert se retourna brusquement. L'entêtement de Jantet venait soudain de l'encolérer.

« En voilà des manières! Eh bien quoi? Qu'est-ce que tu as à me dire? »

A cet instant, Jantet retrouva le Lambert des mauvais jours, et il se sentit raffermi dans sa résolution.

« Tu es monté plusieurs fois à *La Planouze*, hein? dit-il.

— Oui! Et après?...

— Eh bien, je te défends d'y revenir!

— Tu me défends! Tu me défends! C'est tout ce que tu voulais me faire savoir? dit Lambert, feignant une grosse gaieté. Tu es venu du fond de ta brousse pour me dire ça? Quel mal il y a?

— Je ne suis pas venu pour discuter! répondit Jantet, calmement. Tu laisseras Julie tranquille, ou ça te coûtera cher!

— Ah! ça! fit Lambert, sans se laisser décontenancer, qu'est-ce que tu as cru? Tu es jaloux? Tu crois que j'en veux à vos quatre sous? Ah! je comprends maintenant! Tu leur as monté le cou, aux Paric, aux Garrouste! Qu'est-ce que je t'ai fait, hein? C'est l'histoire d'Honorine qui te remonte?... »

Il avait repris une assurance méprisante. Il lui semblait retrouver le petit Jantet d'Evolette, berné, ployant sous les lazzis.

« J'espérais que tu comprendrais à demi-mot, dit Jantet. Il ne s'agit pas d'Honorine... Il ne s'agit pas de jalousies... Ne me force pas à en dire trop! »

Il dévisagea Lambert d'un regard cruel, et poursuivit :

« *La Planouze*, tu entends... *La Planouze* de tante Irma... ça devrait te brûler les pieds! »

Sous le trait, Lambert blêmit. Il eut une contraction qui fit remonter la pomme d'Adam au bout de sa gorge.

« Qu'est-ce que ça veut dire? souffla-t-il.

– Si tu as compris, tant mieux pour toi! dit Jantet sans le lâcher du regard. Ça n'ira pas plus loin!

– Voyons... » fit Lambert, égaré.

Il avança sa main pour saisir le bras de Jantet, mais celui-ci recula d'un pas, et la main de Lambert resta suspendue dans le vide.

« Voyons, Jantet... est-ce que par hasard tu crois que c'est moi qui...

– Oui! fit Jantet en faisant un nouveau pas en arrière.

– Mais, tu deviens fou! Jantet, écoute-moi! Ce n'est pas vrai! De ça, tu m'as cru capable! »

Il essayait de retenir Jantet qui reculait pour éviter tout contact, farouchement muet et hostile. Il eut un sursaut.

« Ce n'est pas vrai, je te dis! Tu es un menteur! Tu as voulu me foutre la frousse, hein! mais avec Lambert, ça ne prend pas! Il en a vu d'autres! Tu es un salaud! Je vais me plaindre tout de suite... Ça ne se passera pas comme cela!... »

Il s'exaltait, feignait de courir porter sa plainte, revenait sur ses pas, écumant comme un monstre harponné.

Alors, Jantet sentit s'évanouir en lui un reste de pitié. Il n'était venu que pour sauver le bonheur des siens, sa propre sécurité. Mais puisque Lambert l'y forçait, il devait se résigner à lui porter le coup de grâce.

Il enfonça le poing dans sa poche.

172

« Tais-toi ! Tu as donc oublié cette petite preuve ! »

Il fit miroiter dans le jour triste la breloque d'Honorine, le terrible petit bijou que les ronces du pré Boulou avaient retenu dans leurs griffes. Puis, il se retourna calmement, et s'en fut...

VI

Il fallut songer à envoyer le petit Jacques à l'école, et Jantet connut ainsi Mme Castel. Avec ses cheveux blancs, son fin visage, l'institutrice de La Saline détonnait dans ce milieu de rougeauds; elle y était venue toute jeune, bien décidée à ne pas gâcher son existence dans ce village torride, poisseux de poussières et de moûts, et pourtant, les années avaient passé, et, aux approches de la quarantaine, alors qu'elle semblait condamnée au célibat, elle avait épousé Castel, le vigneron.

Les Paric et les Castel devinrent tout de suite amis. L'institutrice apportait des journaux et des livres que Jantet parcourait avec un vif plaisir, comme un joueur de billard qui retrouve sa souplesse de poignet après une longue inactivité. Castel, d'ordinaire placide comme un bœuf, s'animait dès qu'on parlait de la vigne. Il avait l'âge de Tiritt; ils s'aimaient bien; entre eux, il n'était question que du vignoble au milieu duquel ils étaient nés et qu'ils connaissaient admirablement. Leurs discussions prenaient quelquefois un caractère passionné.

« Ne vous souciez pas de leurs disputes! disait Mme Castel à Jantet. Le mildiou les mettra d'accord. Et si ce n'est pas le mildiou, ce sera M. Christine ou Mme Cambre d'Aze! »

C'était sa marotte de rappeler les hommes à la réalité. Mais elle savait corriger ses sévérités par de grands rires. A ces moments-là, elle paraissait toute jeune.

Nathalie gardait encore devant son ancienne maîtresse ses timidités d'écolière; elle lui rappelait de tristes souvenirs, ses mauvais classements, ses cahiers souillés, ses faims d'enfance. Pourtant, Mme Castel avait osé parler de ce passé de misère, et il semblait à Nathalie qu'on la délivrait de ses hontes, comme on débarbouille un visage. Elle avait l'orgueil de son petit Jacques, le voyait promis à une destinée exceptionnelle, et il fallait que Jantet la ramenât à des sentiments plus modestes. Le petit Paric avait déjà choisi sa carrière; il ne voulait pas être moins que général. Comme on lui riait au nez le plus affectueusement qu'on pouvait, il renonçait à ses étoiles et optait pour le métier de charretier. Jantet applaudissait plus fort que les autres. Charretier! c'était un beau commandement! Charretier, comme Castel, comme Chanou, comme Tiritt...

« Là aussi, lui disait Chanou, il y a un cheval. Mais ce qu'il y a de mieux, c'est que tu peux faire claquer un fouet et que tu es toujours sûr d'être obéi! »

L'oncle Antonn apparaissait de temps à autre. C'était celui qui jugeait le plus sévèrement l'époque, qu'il s'agît de l'« Affaire », de la guerre des Boers, de Galliffet, ou bien des lois scélérates, des soixante-dix mille dispensés du service militaire, des grèves. Aidé par une excellente mémoire et un sûr instinct, il tenait tête à Mme Castel. L'institutrice était proudhonienne. Elle en tenait pour la connaissance, l'armement des consciences, l'application logique et hardie de l'idée socialiste dans le milieu où on se trouvait... L'oncle Antonn, rejetant toute précaution, tout bagage, confiant dans l'instinct des masses, était pressé de porter le feu partout à la fois. Mais ils s'entendaient toujours pour tomber à bras raccourcis sur les institutions et les hommes, les Thiers et Galliffet, les Floquet et les Sarrien, les Mac-Mahon et les Clemenceau, bouffons tragiques, tous plus ou moins englués de scandale et de sang.

Ah! ce Clemenceau qui s'éveillait des sympathies parce qu'il avait la dent dure, était dreyfusard, renversait des gouvernements d'une chiquenaude, quelle figure nouvelle il allait prendre, bientôt, pour les vignerons du Midi!

Mme Castel avait fondé un syndicat. Au moment de l'arrivée des Paric au Verdet, c'était une tentative encore timide d'exploitation et de vente en commun. Jantet en entendait parler pour la première fois comme d'une chose sérieuse et pratique, et elle eut tout de suite son assentiment.

Tout au long de sa vie, Jantet s'était senti agité de chagrins et de scrupules, mais il n'avait jamais eu peur de les analyser. Les forces mauvaises qui avaient dissocié, menacé les Paric, semblaient vaincues. Il ne pensait plus à tante Irma qu'avec douleur et gratitude, à Lambert qu'avec une âcre pitié. La joie et l'abondance qui régnaient autour de lui l'avaient empli de paix. Et peut-être serait-il tombé dans cet égoïsme familial qui a ralenti tous les mouvements sociaux, si on n'était venu le rappeler à ses devoirs d'homme vivant au milieu des misères et des injustices. Depuis deux ans, il employait des journaliers que les patrons avaient renvoyés de leurs exploitations, soit parce qu'ils ne se pliaient pas à certaines exigences, soit parce qu'ils étaient trop vieux. Les mendiants trouvaient aussi un refuge au *Verdet*. Quelques-uns en usaient avec insolence, mais la plupart se montraient doux, riches d'expérience, et parfois de talent; il y avait le maniaque et le troubadour, l'inventeur et le poète; il y avait le sage qui estimait sa journée bien remplie lorsqu'il avait lâché un mot destiné à germer dans les cœurs. Soudain, Jantet comprenait que ces générosités, si honorables qu'elles fussent, restaient sans portée. Il était entré au syndicat.

Les Castel le maintenaient contre vents et marées. Ils inspiraient de petits propriétaires. C'étaient de modestes récoltants dont les terres se touchaient, s'épousaient, se confondaient, dont la maigre fortune couvait sous le même nuage de grêle. Jusqu'alors, ils achetaient à leur compte, ou s'abouchaient avec le gros possédant voisin. Ils se laissaient illusionner par certains avantages : c'était la fusée paragrêle du « gros », le nuage artificiel du « gros », les bons rapports du « gros » avec le ciel qui protégeaient leurs récoltes. Cela avait créé une gratitude tenace et aveugle. Les Castel rencontraient des résistances. Les riches s'émouvaient. Les timorés s'entêtaient. Les couards se terraient. Il avait fallu rassurer, puis convaincre.

Maintenant, les syndiqués achetaient les produits en commun; ils découvraient les rabais, les qualités supérieures, tous les avantages de la solidarité. Ils se protégeaient seuls contre la maladie et la grêle. La mairie leur avait prêté un local, voté une subvention, dérisoire certes, mais qui leur faisait prendre pied dans l'opinion. Les jours d'orage, les détonations de leurs fusées prenaient le ton du défi, de la revanche, de la gaieté. Comme un Quatorze Juillet du vignoble... Oui, c'était comme leur joie qui éclatait là-haut, en petits nuages joufflus et cocasses. De la place de la Saline, on suivait la montée des fusées dans l'averse commençante :

« Les nôtres qui tirent! criait-on. Encore une! Une autre! Eh bé! ils ne ménagent pas la poudre, au syndicat! Et ce rat de de Lac, quand est-ce qu'il se décide à tirer! »

L'orage crevait en pluie tiède. Les gros nuages pommelés se dispersaient comme un escadron en déroute. Enfin, l'averse s'éloignait en égouttant ses tambours. Alors, parfois, ils lançaient leur dernière fusée pour le plaisir, en plein ciel bleu.

Ainsi, la vie coulait au *Verdet* dans une grande exaltation de solidarité, de travail et d'amour. Des petits matins où on entamait la lutte jusqu'au soir où commençait la vie de famille, ces beaux soirs pleins de leurs voix, de leurs rires et de leurs projets, ces soirs émouvants comme des pauses avant l'assaut nouveau, ces soirs colorés et frémissants, mais parfois aussi, recueillis, comme des bivouacs dans l'interminable épopée humaine, c'était une existence à grands galops, à rênes tendues, à jarrets ivres, qu'ils menaient tous. Le bonheur que d'autres cherchaient dans les voyages, les aventures, le luxe, toutes les poursuites d'une félicité jamais atteinte, ils le touchaient à chaque instant, rien qu'en portant la main à un verre, rien qu'en se regardant...

VII

L'ANNÉE 1900 fut marquée par deux gros événements. Nathalie accoucha d'un second garçon qu'on nomma Antoine, et Julie épousa Thomas Chinaud, de Valmigère.

Jantet était heureux de la décision de Julie. Elle le délivrait définitivement du fantôme de Lambert; il pensait aussi au soulagement que son père allait éprouver de l'union de sa fille avec un homme vigoureux et vaillant. Il n'était pas mécontent, non plus, de savoir que l'opiniâtreté de Thomas Chinaud recevait sa récompense, car il avait suivi de loin, à travers les racontars de l'oncle Antonn et les confidences épistolaires de Julie, toutes les péripéties de ces laborieuses accordailles. Dans sa joie, il n'oubliait pas Père Piu que la vieillesse inclinait de plus en plus vers la terre. Il connaissait trop le vieux Paric et Julie pour craindre un instant qu'ils abandonneraient le domestique dans ses vieux jours. A *La Planouze*, comme au *Verdet*, une vie nouvelle allait commencer et il n'en augurait que du bien.

Le mariage fut fixé au printemps. Nathalie et Jantet montèrent à *La Planouze* à la veille de la noce. C'étaient une année et un printemps exceptionnels, comme si le siècle avait voulu finir en beauté. La campagne ruisselait de verdures et de fleurs. Les journaux débordaient d'heureuses nouvelles. Il montait de l'allégresse de partout. Dans le train, puis dans la diligence qui les emportait vers les montagnes, les gens exultaient... Après l'interminable branle-bas social jalonné par les sursauts boulangistes, les attentats anarchistes, « l'Affaire », la guerre aux Juifs, la dictature du sabre et du goupillon, il semblait qu'une ère nouvelle s'ouvrait et qu'elle avait choisi de le faire solennellement. Paris vivait avec un intense optimisme. L'Exposition ouvrait ses portes au monde; son fracas arrivait dans les coins les plus reculés, et la province en était tout bêtement enivrée. C'était comme un fluide, un passage d'électricité, cette fée moderne dont on parlait de doter les maisons et les rues, cette flamme autour de laquelle des millions d'humains tournaient avec une curiosité de phalènes. C'était comme une rumeur enflée du ronron des premières autos, des premiers teuf-teuf, des machines dont on se gaussait et dont on avait peur, qu'on maudissait et qu'on bénissait, tout comme on avait accueilli le vélo et le tricycle, le dirigeable et le planeur. C'était enfin comme l'annonce d'une époque, gonflée de folie, d'audace, de génie, une sorte de grossesse de l'humanité...

La noce fut magnifique. Elle resta digne de ces fêtes campagnardes où on mange et boit à en rouler sous la table. Thomas Chinaud était un homme vigoureux, et son aspect paisible et rude fit la meilleure impression sur Jantet. Toute sa famille était là, celle de Valmigère et celle de Saillagouse, celle de Valcebollère et celle d'Estavar. C'était une forêt rugueuse de parents et d'alliés, des Chinaud et des Sourribes de tout sexe, de tout âge et de tout poil, de mâchoires et de gestes lents et terribles. Les Paric se trouvaient submergés par l'appétit et la gaieté de cette compagnie territoriale. Ils n'étaient que quatre devant cette invasion barbare, et Jantet avait beau vouloir écarter de son esprit toute malveillance, il lui semblait que les Chinaud attendaient un signal pour sauter sur les Paric et les manger. Le père Paric ployait humblement les épaules au milieu de cette tempête, et Julie, malgré la fermeté de son corps et l'éclat de son teint, paraissait mièvre et pâle en comparaison de son mari. Jantet ressentait comme une inquiétude de les découvrir si fragiles, d'une autre pâte et d'une autre race que ces Chinaud auxquels le sort les liait soudain.

Julie et Thomas quittèrent *La Planouze* à la nuit. Ils avaient décidé de faire leur voyage de noces du côté de Toulouse où Chinaud avait de la parenté. La colonie des Chinaud et des Sourribes s'en alla par petits paquets. Les Paric ne furent délivrés des derniers qu'au milieu de la journée du surlendemain, lorsque le cousin second eut convaincu sa femme de la nécessité de rouvrir leur épicerie de Saillagouse, et qu'une tante hydropique, qui ne pouvait se mettre au lit qu'avec l'aide de deux hommes forts, fut prise d'une tardive pudeur.

Jantet et Nathalie restèrent encore un jour auprès du père et du vieux domestique. Les deux hommes vivaient en bon accord. Mais Père Piu avait comme un pressentiment que sa vie allait être troublée. Jantet ne put lui faire préciser son inquiétude. Les Chinaud, il devait les connaître... mais il ne se permit pas la moindre allusion. Ce n'était pas à lui de juger son futur maître. Quant au père Paric, il ne cacha pas ses appréhensions. Les Chinaud passaient pour des terriens âpres et durs et il en avait un peu peur.

« Julie restera bien un peu maîtresse ici, dit-il. Mais Thomas arrive avec des terres et des sous, il paraît... C'est un garçon qui voit grand! Enfin, on verra bien... »

Au retour vers *Le Verdet*, Jantet et Nathalie s'arrêtèrent à Evolette. Ils trouvèrent le père Garrouste tout excité. Il leur apprit que maître de Montredon, très affecté par ses récents échecs politiques, venait d'avoir une attaque et qu'on craignait pour sa vie. L'oncle Antonn était venu brandir ses torches sur la place publique d'Evolette. Le père Mathieu regrettait amèrement qu'Antonn ne fût pas plus ambitieux.

« On en aurait fait un candidat! Mais va te faire foutre! Quand il avait bien étrillé la réaction, il se tournait contre nous! »

Le vieux républicain sortait de sa gangue, et Finotte répétait :

« Laisse ces histoires, va! La politique te tuera!

— Laisse, laisse... répondait le père Mathieu obstinément tourné vers Jantet. Les femmes, vous ne comprenez rien à ces choses! »

Il baissait la voix comme s'il voulait faire une révélation pénible.

« Ton oncle, tu veux que je te le dise, entre nous... C'est un anarchiste!

— Mais, lui disait Jantet en riant, vous n'étiez pas emballé comme cela, dans le temps!

— C'est vrai... J'étais forcé d'être prudent avec mon métier! Tu te souviens quand je te faisais taire? Mais si tu savais comme ça bouillait là-dedans! »

Et le vieux frappait sur sa poitrine.

Il fallut parler du mariage de Julie, du père Paric, de Lambert. A ce nom, les Garrouste se rembrunirent. Ils ne savaient plus grand-chose de celui qu'ils considéraient comme leur enfant. Il n'était pas revenu à Evolette. C'est tout juste s'il avait pris la peine de leur annoncer son mariage. Cela remontait à un an, plus peut-être...

Jantet ne sut que dire pour les consoler. La nuit, il dormit mal. Le mariage de Lambert le bouleversait à un point extraordinaire. Il en oubliait la peine des vieux. Au fond d'une grisaille de souvenirs, il ne cessait de revoir tous les visages que Lambert lui avait montrés dans sa vie, le Lambert des promenades et des confidences, celui des jeux et des amours faciles. Mais il y avait une image qui chassait les autres; c'était celle du Lambert qu'il avait poignardé d'un mot, d'un geste, dans la cour de quartier de Lyon. Ce Lambert tremblant, défiguré par la peur, vaincu, voilà qu'il revivait, qu'il poursuivait obstinément le bonheur!

Auprès de Nathalie endormie, Jantet remuait mille pensées. La voix de la rivière passait les murs; il écoutait avec émotion ce murmure qui l'avait tant de fois bercé... Parfois, une boiserie craquait. Alors, il lui semblait entendre le pas de Lambert dans la chambre voisine. Il lui semblait aussi l'entendre s'agiter, gémir, souffrir, préméditer son misérable destin, et nouer sa vie à la sienne par des liens douloureux et sanglants...

VIII

UNE année noire commençait. Au dire de Tiritt, cela leur pendait au nez. L'hiver s'était montré trop patelin. Ils avaient eu le moucheron à la Noël, ils devaient s'attendre au glaçon pour Pâques. Des froids s'abattirent, en effet, sur le pays en plein cœur d'avril. La neige descendit très bas dans la montagne. Aussitôt, vignerons et maraîchers se mirent à claquer des dents. De peur, naturellement. Tous les yeux étaient tournés vers le ciel. Le ciel n'épargna personne. Ce fut une gelée mémorable.

Trois nuits durant, ceux du Syndicat furent sur les dents. Tout ce que le râteau et la fourche purent accumuler de ronces, d'herbes et de paille mouillée, fuma à pleines volutes au-dessus des vignes. Pendant trois nuits, ce fut, entre la gelée blanche et la vigne, une lutte au couteau. La terre était dure comme un iceberg. Le pays crépitait d'incendies et suffoquait d'âcres fumées. De grands abattements prenaient les gens du *Verdet* lorsque, entre les nuages de fumée noire, apparaissaient les étoiles, virulentes comme des yeux aux aguets. Les villages environnants se défendaient de même. Tous empaquetaient des nuées autour de leur clocher. Durant le jour, cependant qu'un soleil ardent envenimait les plaies de la nuit, les hommes tournaient autour des ceps comme des bêtes inquiètes, et on les entendait rugir à voix basse. Certains vignobles furent épargnés. *Le Verdet* était du nombre. Instruit par de nombreuses expériences, Tiritt avait décidé de retarder la taille, d'autres avaient adopté des plants à débourrement tardif. Les riches avaient alerté tout leur personnel et épandu chaux et plâtres. Malgré cela, la gelée fut terrible. Elle gela un bourgeon sur deux. Et les vignerons étaient mal consolés par les jérémiades qui arrivaient d'Ille et d'Elne, des pays de vergers et de jardins, où il n'y avait, disait-on, ni fruit ni pied de salade de sauvés.

Au *Verdet*, on continuait à vivre avec une intensité surprenante une époque qui eût pu paraître seulement marquée par des déboires agricoles et des ennuis familiaux. La gelée ne faisait pas oublier les grandes luttes politiques qui secouaient le pays depuis que les feux et les vacarmes de l'Exposition étaient éteints. Un jour, Mme Castel apportait un nouveau tome des *Rougon-Macquart*, un autre, le journal annonçait la chute du bourreau Galliffet... Le roi d'Italie tombait sous les balles d'un Italien d'Amérique... Le shah de Perse et le prince de Galles échappaient miraculeusement à des attentats... La tradition anarchiste, si cruellement réprimée depuis Ravachol, semblait ressusciter... Des grèves éclataient à Marseille où des députés socialistes italiens étaient tapageusement expulsés, au Havre, à Carmaux, au Creusot où des morts jonchaient le pavé... Les Paric et les vignerons du syndicat restaient en contact avec ce monde troublé dont ils partageaient certaines espérances, et la tâche quotidienne et la bonne volonté prenaient un sens nouveau... La noblesse du terroir se montrait de plus en plus émue par la force du syndicat et elle réagissait assez diversement. M. Christine et son gendre, M. de Figarola, exagéraient leur morgue, cependant que de Lac, le célèbre de Lac des chevaux-pies, des meutes et du premier teuf-teuf, avait décidé d'admirer l'association comme un produit du progrès, comme une invention nouvelle.

Mais il était une conquête plus ahurissante encore. Depuis des mois, on en discutait, on en disputait. C'était Marcerou... L'ancien régisseur avait demandé son admission au syndicat! On avait cru à une plaisanterie, à quelque ruse. Cependant, Marcerou s'était avancé sur ces mêmes bottes qui faisaient trembler naguère. Il s'auréolait du prestige d'une récente victoire sur M. Christine et le Cercle de l'Agriculture. On savait aussi que le désaccord empirait dans son ménage, que sa femme avait tenté de se suicider, qu'enfin il était très malheureux.

Peu à peu, son drame se dessinait. Parti de rien, à force d'indélicatesse et de cynisme, il était parvenu à la richesse. Son naturel s'aggravant, ne l'avaient bientôt plus approché que ceux qui y trouvaient un irrésistible intérêt. Sa femme était une fille du peuple; ses charmes avaient commencé à fléchir dès qu'elle avait trouvé l'opulence. Elle avait beaucoup aimé son mari, intrigué à ses côtés tout au long de leurs années de lutte, aidé de toutes ses forces à leur ascension. Maintenant, elle ressentait de l'amertume à se trouver délaissée et ridiculisée. Au temps des vendanges, elle guettait son mari derrière les roseraies et dévisageait les jolies filles de la *colla* de regards sans tendresse. Mais la richesse

avait eu pour elle une conséquence plus douloureuse encore : elle lui avait fermé peu à peu toutes
les portes et tous les cœurs de Clairac. Depuis qu'ils
avaient dépossédé les Tarting-Fargue, les Marcerou
étaient regardés d'un mauvais œil par les riches du
terroir. On n'entrait plus dans cette maison de
maître qu'ils avaient eu tant de mal à conquérir.
Pour la femme, c'était devenu une prison, avec ce
qu'il fallait de ferrure et de pierre austère. Cependant qu'elle s'y emmurait et versait à la neurasthé-
nie, son mari s'évadait vers ses réunions et ses
fredaines. Au Cercle de l'Agriculture, que M. Christine présidait avec l'autorité que lui conférait la
plus grosse fortune de Clairac, il ne s'était jamais
senti pleinement agréé. Ses suggestions y étaient
reçues avec froideur, même – et c'était souvent le
cas –, lorsqu'elles semblaient pertinentes. De toute
évidence, on le considérait comme un gêneur, un
suspect. Il se sentait toléré comme un oiseau de
passage. Ah! ce Christine hautain, comme il était
loisible de lire ses pensées sur son haut front blanc!
Il attendait que la maison des Tarting-Fargue usât
l'occupant, c'était sûr!

De toute manière, le cas des Marcerou sortait de
la banalité. Ils étaient entre deux abîmes : la haine
des pauvres et le mépris des puissants. Ils cherchaient une issue, un refuge même, et n'en découvraient point. Alors, ils se heurtaient, se haïssaient,
se jetaient mille injustices à la tête...

Deux mauvaises récoltes successives venaient de
mettre les vignerons en émoi. Les riches avaient été
touchés dans des proportions considérables. Ils se
plaignaient plus fort que les autres, et cherchaient
un bouc émissaire. Les années de mévente, il était
tout trouvé : c'était le gouvernement, qui autorisait

la fraude, et peut-être la favorisait. Ainsi qu'il advient dans certains phénomènes météorologiques, les vignes de Marcerou, ensoleillées et sèches, donc moins vulnérables que les terroirs humides et de pleine terre, s'étaient trouvées en partie épargnées. Cette singularité avait suffi à détourner contre lui l'aigreur de ses camarades de club. Il s'était entendu reprocher sa chance présente et sa chance passée, et toutes les faveurs du sort qu'il était le dernier à mériter, à en croire ces hommes avertis. Ç'avait été pour Marcerou le coup de grâce. Il avait compris qu'il ne tenait plus à la caste des gros que par un fil. Et il l'avait cassé avec éclat, puisqu'il avait giflé tous ses contempteurs en la personne de M. Christine, le plus honoré d'entre eux.

Ce fut après cet exploit que Marcerou décida de faire des avances au syndicat. Son personnel le trouva du jour au lendemain dans des dispositions si traitables qu'il sembla à tous que le monde venait de changer. Malgré ces preuves, Marcerou ne parvenait pas à gagner la sympathie ni la confiance unanimes. Son revirement émouvait surtout le petit cercle du *Verdet*. Nathalie y voyait un juste retour des choses, comme la punition du mal. Jantet craignait qu'on ne décourageât l'ancien régisseur. Il s'ingéniait à le justifier et à éviter de vives paroles avec Tiritt ou quelque autre vigneron rongé de vieilles rancunes.

L'année passa sans que Marcerou eût l'occasion d'une nouvelle volte-face. Sa bonne volonté allait croissant. Il avait bien fallu l'accueillir.

IX

L'ANNÉE qui suivit fut véritablement désastreuse. La médiocrité de la récolte avait fait espérer un relèvement des cours. Mais les prix baissaient de plus en plus. On parlait de fraudes, de fabrications de vin chimique, d'industries viticoles, de sucreurs d'eau, de vraies monstruosités. La profondeur du mal, et même la cause du mal étaient peu connues dans les campagnes, et il semblait aux vignerons qu'il en serait comme de certaines épidémies, que « ça ne durerait pas »... Mais de même qu'un mal organique qui s'éveille à certaine saison, la fraude revenait chaque année, sous des noms et des formes hypocrites, exercer ses ravages dans le vignoble. Sous couleur de « chaptaliser » des vins de mauvaise tenue, des sucriers fabriquaient du vin avec de l'eau chimiquement colorée additionnée de sucre. De tardifs aveux devaient montrer que, pour l'année en cours, quinze millions d'hectolitres de vins de cette sorte avaient été jetés sur le marché et vendus à des prix sensiblement égaux aux prix des vins ordinaires. La consternation l'emportait encore sur la colère. Il y avait des sceptiques. La vieille rengaine : « quand le vin va, tout va ! » se chantait à l'envers, voilà tout ! Il y avait même quelques rieurs.

Ce n'étaient pas tous des jaloux. Il s'y rencontrait des gens très sensés, ces sacrés paysans, sages comme des antiques, qui ne jurent que par la pénitence et la frugalité, la couenne rance et le pain frotté d'ail. Il y avait Chanou, le maraîcher, qui prônait de plus en plus fort l'arrachage de la vigne. En dehors des riches, qui, cette fois, pouvaient ouvertement vitupérer des hommes politiques, des exploiteurs et des affameurs dont les noms, lancés du haut de la tribune du Parlement, volaient par tout le pays, la plupart des récoltants attendaient, en rongeant leur frein, que la situation s'améliorât. Jantet était de ceux-là. Les frais d'exploitation avaient à peine été couverts par la vente de la récolte, mais sa famille avait vécu sans privations, et il attendait une revanche.

Dès le printemps suivant, l'atmosphère vigne-ronne commença à se rasséréner. La vigne partait bien. De Paris, on annonçait des lois contre les fraudeurs. Et, en effet, la campagne fut magnifique. Les cours s'étaient relevés. Il semblait que la nature et les gouvernants s'étaient concertés pour adoucir le mal qu'ils avaient fait. Cette vigne qu'on avait maudite tant de fois, à cause de ses fragilités, de ses fantaisies et de ses folies, on l'exaltait maintenant, comme un enfant qui en a fait voir de dures à sa famille et la paie soudain d'une éclatante réussite.

Jamais les petits propriétaires de La Saline n'avaient ressenti les bienfaits de l'union, comme au long de la dure année qui venait de s'écouler. La solidarité avait permis aux plus infortunés de tenir. On ne se sentait plus seul devant la grêle, ni la maladie, ni la mévente, ni le chômage, l'adversité sous toutes ses formes. Ce sentiment de sécurité s'était naturellement transmis à ceux qui ne possédaient rien et qui ne vivaient que de l'effort. Jantet n'avait pas vécu beaucoup de moments plus empreints de noblesse, plus expressifs de la grandeur humaine.

Dans ce *Verdet* que, treize années avant, il avait trouvé assoupi et morne, une vie animée et féconde se développait. Ce coin de campagne était devenu un lieu vivant. Aux enfants de Jantet, venaient s'ajouter, aux heures de soleil, les plus jeunes des Tibaut et des camarades d'école. Ces chemins, où les boues séchaient naguère sans qu'une empreinte les marquât de son sceau émouvant, où la poussière n'était guère soulevée que par le pas traînant de quelque tâcheron, ils étaient maintenant pleins d'allées et venues. Tiritt, Chanou, les Castel, Marcerou lui-même, y venaient. Les chemineaux y redressaient la tête. Tout le monde était sûr d'un bon accueil.

Mais la vie ne laisse pas de répit. Elle embusque inlassablement quelque douleur. Il ne se passait pas d'années sans que les Paric en fissent l'expérience. De mauvaises nouvelles leur arrivèrent de *La Planouze*. Elles couvaient depuis longtemps.

Thomas Chinaud n'avait pas l'air d'un mauvais garçon. Fort comme un bœuf, avec un visage rude et plein de caractère, il faisait de prime abord bonne impression. Jantet avait trop ardemment souhaité son mariage avec Julie pour songer aux conséquences fâcheuses qui pourraient en résulter. A cette époque, Thomas Chinaud n'avait guère contre lui que la réputation de rigueur et d'âpreté de son père et de ses oncles, toutes vertus fort louées dans les milieux paysans. Pour sa part,

Thomas était connu pour sa ténacité, son sérieux, son dédain pour les divertissements. Il ressemblait en cela à la plupart des jeunes hommes du plateau, attachés à leur village et à leur vie étroite comme des chiens à leur niche, et semblant se complaire à cette existence sans fantaisie. Jantet se sentait un peu de cette trempe. Il avait gardé de ses origines, de son sol natal, de son ingrate enfance, cette prédilection pour une vie obstinée, réelle et forte, où chaque pas arrache un gémissement à la glèbe, où chaque seconde résonne dans le corps comme un battant.

Aussi, malgré certains signes inquiétants, Thomas Chinaud lui avait inspiré confiance. Mais, une année ne s'était pas écoulée, depuis le mariage, qu'il avait déjà montré les complications de son caractère. Depuis, l'oncle Antonn ne cessait de donner l'alarme. Il rapportait chaque fois, de ses visites à *La Planouze*, des jugements emportés. Thomas Chinaud menait la terre comme un forcené, achetait des lots voisins et attachait toute la famille au travail. Il partait manifestement pour faire fortune, et l'oncle Antonn n'en augurait rien de bon. Jantet refusait de s'inquiéter. Il savait que Thomas était un travailleur acharné et économe, et il ne pensait pas qu'il pût en résulter du malheur. Cependant, l'oncle Antonn s'entêtait. A son avis, ce Chinaud qui ne pensait qu'à amasser, ne prononçait pas vingt mots dans la semaine, et prétendait entraîner les vieux du mas dans une ronde infernale, ne tarderait pas à devenir une espèce de monstre.

« J'ai dans l'idée, disait-il, que ton père et le vieux Piu ne sont pas à la noce tous les jours, là-haut! Ils ne m'ont rien dit... Tu les connais... Ce ne sont pas des gens à se plaindre... Mais on en entendra parler! »

Jantet invoquait la présence de Julie, son influence aussi, et l'oncle Antonn répliquait par une moue. Une fois, il avait risqué un commentaire dont Jantet mesurait maintenant toute la lucidité :

« Ta sœur, avait-il dit, m'épouvante presque autant que son mari. Tu me diras que c'est ma marotte, mais plus ça va, et plus c'est ta tante Irma toute crachée ! »

Cependant, avec le temps, qui passe pour arranger toutes choses, la situation à *La Planouze* empirait. Des traits de plus en plus alarmants arrivaient à la connaissance de Jantet. Thomas Chinaud avait abattu le chien de la ferme devenu trop vieux pour la garde des vaches, livré le mulet, jugé trop vieux lui aussi, à l'équarrisseur. C'était un fils unique. Il avait de belles espérances, que la santé de ses parents faisaient d'ailleurs fort lointaines; sitôt marié, il s'était mis à les tisonner, à leur demander des services et des avances, et les échos de leurs discussions emplissaient Valmigère. Il était vite apparu que la grâce de Julie l'avait beaucoup moins attiré que son bien. Il continuait à exploiter *La Planouze* avec une volonté de démon, et le bonheur familial se trouvait relégué au dernier plan. Il n'était que calculs et projets. Cela eût été supportable, s'il avait intéressé les Paric à sa passion. Mais il n'était pas d'un naturel communicatif. Peut-être même éprouvait-il une méfiance instinctive pour les conseils, car il fuyait les discussions. De telle sorte qu'après deux ans de vie commune, les Paric se trouvaient comme des étrangers dans un domaine élargi, transformé, méconnaissable. La griffe héréditaire des Chinaud s'était abattue sur *La Planouze*, et plus rien n'allait compter pour Thomas Chinaud que cette terre.

Levé avant l'aube et ne rentrant qu'à la nuit noire, Thomas Chinaud avait la couleur du sillon. Il ne prenait quelques moments de liberté que pour aller voir ses parents et leur arracher quelques bribes de ces espérances entrevues, ou pour circonvenir quelque habitant du village dont il convoitait un lopin. A la maison, il était plus taciturne encore qu'aux premiers temps. Sa méfiance, sa malveillance même s'accusaient. Quoique déçue, Julie s'efforçait de raviver en lui la tendresse de leurs accordailles. Il l'aimait sans doute. Il l'écoutait sans colère. Mais une passion plus forte que l'amour le ravageait. C'était une passion qui le rendait sévère et méprisant pour Père Piu, dont les services lui paraissaient bien minces à l'égard de son appétit. N'allait-il pas un jour le sacrifier, comme le vieux mulet, comme le vieux chien ? C'était cette passion qui l'empêchait d'être aimable pour le père Paric lui-même qui ne se sentait toléré que par un reste de pudeur et de crainte.

Le vieux Paric était celui qui souffrait le plus de ce changement d'atmosphère. Mal portant, s'essoufflant au moindre effort, il attendait la mort avec autant de philosophie et de courage qu'il en avait mis à accepter la vie. Et voilà que Thomas Chinaud venait ruiner son rêve d'une fin paisible ! N'était-il pas forcé de suivre dans ses projets, ses comptes, ses jalousies, ses haines, ce gendre infernal qui le regardait d'un mauvais œil se reposer ou manger à sa faim, qui lui dictait sa besogne avec de moins en moins de ménagement, et attendait sans doute une occasion d'éclater ? Il se raidissait, mais il se savait engagé dans un impitoyable engrenage. Certes, Julie était là pour l'aider à patienter; elle restait affectueuse. Mais il la sentait débordée et, certains jours, conquise par la frénésie de son mari. Elle ne se risquait pas à raisonner Thomas parce qu'elle n'était pas convaincue qu'il eût tort, parce que dans son for intérieur, elle l'approuvait de hâter la prospérité du domaine. Elle laissait espérer que son mari s'apaiserait dès que *La Planouze* serait en plein rapport et qu'il n'aurait plus rien à souhaiter. Elle comptait aussi sur la venue d'un enfant, suppliait son père de patienter, lui faisait entrevoir un avenir plein de bonheur... Mais le vieux hochait la tête, car il connaissait les hommes... Les saisons passaient, les récoltes rentraient, *La Planouze* se dilatait, la fortune entrait par portes et fenêtres, et Thomas Chinaud n'avait ni un temps d'arrêt, ni un bon mouvement...

La dernière fois qu'il était venu à *La Planouze*, l'oncle Antonn avait acquis la certitude que son frère lui cachait une situation irrémédiable. Mais son intuition, son coup d'œil infaillible, avaient suppléé aux confessions. Il connaissait les Chinaud depuis quarante ans, des entêtés au cœur sans fissure, des gens à l'appétit insatiable, de la race des Samso et des Gironi qui ont :

beaucoup de mâchoire,
un peu de cervelle,
et du cœur,
du tout!

Thomas ne lui inspirait nulle crainte ainsi qu'il l'avait prétendu un jour, pour impressionner Jantet. C'était plutôt le contraire. L'oncle ne se gênait pas pour lui marquer son mécontentement. Il eût aimé avoir une explication, une dispute même... Mais Thomas ne lui en laissait pas le loisir. Il haussait les épaules, ricanait, se dérobait. Les choses eussent pu traîner longtemps de la sorte si un drame n'était survenu.

Dès l'arrivée de son nouveau maître, Père Piu avait tout de suite compris que sa vie allait changer. Il venait de faire soixante-quinze ans, savait qu'il n'abattrait jamais plus la besogne d'un homme jeune, et que Thomas le considérerait jusqu'à sa mort, et quoiqu'il fît, comme une bouche inutile. Les premiers temps, la présence de Julie et du père Paric l'avait rassuré. Puis, il lui avait bien fallu constater qu'ils n'étaient plus rien, qu'il ne devait plus en attendre de secours. Il s'était mis à faire du zèle, mais dès qu'il le rencontrait, au champ ou derrière ses vaches, Thomas ne pouvait s'empêcher de lui faire quelque réflexion désobligeante. Le patron n'était jamais content de la manière dont il s'acquittait de sa tâche. A la table commune, où les Paric l'avaient accueilli une fois pour toutes, il ne se sentait plus à l'aise. Chaque visite de l'oncle Antonn attisait la haine de Thomas à l'égard du vieux domestique, lui valait de nouvelles vexations et de nouvelles injures. Thomas le chargeait de corvées épuisantes, de travaux qui dépassaient ses forces. Enfin, il en était arrivé à lui interdire de se présenter au repas de famille. Cela avait duré de longs mois, sous les yeux du père Paric impuissant, et de Julie maintenant à peu près aveugle.

Alors, Père Piu avait décidé de brusquer les choses. C'était le plus vieux, le plus vulnérable, et ce fut le plus héroïque. Il fit son ballot, et s'en alla de *La Planouze*. C'était un soir d'hiver, un de ces soirs de haute montagne où le froid fait crier la terre. Il prit la route de Ribas, le petit village où tante Irma était venue le chercher vingt-cinq ans auparavant.

Tous ceux qui le connaissaient étaient sûrs qu'il était animé d'intentions courageuses, qu'il avait espéré trouver là-bas un travail à la mesure de ses forces. Car c'était un de ces vieillards, d'esprit équilibré et de cœur ferme, qui tiennent à la vie comme à une chose sacrée qu'il faut user jusqu'au bout. Mais le Carcanet en avait décidé autrement. Le terrible vent de Capcir l'avait assailli comme il franchissait le petit col de Jalère et l'avait renversé dans un fossé où on l'avait trouvé au matin, raidi, glacé, crucifié de givre.

La nouvelle de cette mort porta un coup si rude au père Paric qu'il dut s'aliter. L'oncle Antonn monta aux obsèques du vieux domestique. Il y eut, entre Thomas Chinaud et lui, une scène dramatique.

Après la mort de Père Piu, Jantet manifesta plusieurs fois le désir d'aller voir son père. Encore que Thomas Chinaud fût devenu pour lui un personnage assez effrayant, il se sentit assez de courage pour l'affronter. Pourtant, il trouvait des excuses pour ajourner son voyage. Il avait écrit à Julie. Elle fit connaître aussitôt que la santé du père s'améliorait. Une espèce de gaieté et de confiance insolites émanait de sa lettre, et Jantet pensa à ce que l'oncle Antonn ne cessait de prophétiser, qu'elle répudierait toute sa famille pour rester en paix dans son trou, en compagnie de Chinaud.

Les mois qui suivirent ne firent que confirmer cette impression. Julie se détachait des siens pour faire corps avec son mari. Dans les lettres qu'elle écrivait, de loin en loin, elle vantait le changement qui s'était fait en Thomas, et on l'eût sentie heureuse si la santé du père n'était allée en déclinant.

Autour de Jantet, on gardait confiance. Mais son

cœur, à lui, saignait... Il n'osait exprimer sa peine à personne, de peur qu'elle fût mal comprise. Il souffrait de voir Julie s'écarter de son chemin. Il comprenait qu'il allait la perdre à jamais.

Cependant, là-haut, à *La Planouze*, le père Paric se mourait lentement. Il attendait le coup de grâce. La fin de sa vie était comme un abîme pathétique où il s'enfonçait jour après jour. Julie se montrait très douce pour lui, car elle l'aimait tendrement. Mais il n'en éprouvait pas de consolation. Depuis la mort de Père Piu, il avait décidé un grand sacrifice. Il s'était dit qu'après sa propre mort, qu'il devinait proche, Thomas Chinaud changerait. Et il avait découragé Julie de le secourir : son bonheur, peut-être même son devoir, étaient auprès de son mari... Il s'était retiré tout à fait de leur vie. Il ne quitta pas sa chambre de l'hiver.

Avant de mourir, il eut une grande joie. Ce fut de revoir Jantet. Il lui assura que la paix était revenue à *La Planouze*, et qu'il n'y fallait rien toucher.

Il mourut quelque temps après. C'était au printemps. Jamais *La Planouze* n'avait connu une telle exubérance ni un tel éclat. On l'enterra à côté de son père, le vieux Chiquet.

Après les obsèques, Jantet repartit pour *Le Verdet*. Malgré les promesses que Julie lui arracha au moment de la séparation, il comprit qu'une nouvelle époque de sa vie venait de se clore. Sans doute, sa pensée reviendrait souvent, inlassablement, rôder autour de cette maison et sur ce plateau où l'âme des siens se lèverait pour lui, éternellement, d'entre les herbes et les pierres. Mais quelque chose de plus ferme qu'une certitude et de plus fort qu'un serment, lui disait qu'il n'y reviendrait plus jamais...

X

Un tragique automne arriva. Sans les jardins, les Paric seraient morts de faim. Depuis l'épidémie de phylloxéra, le pays n'avait pas connu une semblable misère. Il y avait trois ans qu'elle montait. Les vignerons tournaient dans leurs caves comme des fauves autour de leurs grilles. Les ouvriers sans travail promenaient par les rues leurs visages terreux. Des femmes aux chignons croulants montraient le poing au ciel. Les enfants pleuraient. Jamais la détresse humaine n'était apparue plus poignante que dans ce terroir d'abondance et de soleil.

La gelée était passée au printemps. Mais, pour la première fois depuis des siècles que le Midi vivait de la vigne, cette gelée n'avait ému personne; des gens qui avaient toute leur raison étaient même allés jusqu'à la considérer comme providentielle. On vivait en plein paradoxe, tout près du désespoir, car, du ministre Caillaux au plus humble tasseur de grappes, tout le monde était convaincu que la cause essentielle, et peut-être unique de la crise viticole, était la surproduction.

La récolte se fit dans une sorte d'ivresse mauvaise. Au *Verdet*, elle fut d'un bon tiers inférieure à la récolte moyenne. Toutes les économies de Jantet étaient englouties. Malgré cela, il espérait. Les courtiers allaient venir. Depuis trois ans, ils montraient des figures étirées, de plus en plus lasses, et de leurs lèvres gercées par la fièvre tombaient des chiffres de plus en plus dérisoires. Ils allaient paraître à nouveau, et à leurs visages, on saurait tout de suite à quoi s'en tenir.

Et les courtiers étaient venus, un peu comme les loups que la faim fait sortir du bois. Ils avaient longuement regardé les Paric avant de prononcer une parole. Mais déjà les Paric avaient compris.

Les courtiers avaient miré les vins du *Verdet*. Celui du Conquet était limpide comme une prunelle. Il titrait treize degrés. C'était l'orgueil, le meilleur sang du terroir. Les Paric en étaient aussi fiers que de leurs enfants.

« Onze francs! » avaient dit les courtiers.

Voilà... Ç'avait été comme un grand coup de couteau dans le ventre! Trois francs de moins que l'année précédente, où ils avaient cru toucher le fond du malheur. Malgré la gelée, la rareté du vin, les promesses. Alors, Caillaux avait menti! La loi avait failli! La fraude était toujours embusquée dans sa jungle! Les sucreurs sucraient toujours! Peut-être sucraient-ils les ministres eux-mêmes?...

Autour de Jantet, d'autres vignerons baissaient la tête. Ils se sentaient trahis, affamés par des puissances occultes. On ne leur offrait même pas de quoi payer leurs dettes, faire taire leurs fournisseurs. Mais leur faim, qui la ferait taire?

Il avait pourtant fallu vendre, faire bonne figure au percepteur, à l'huissier même, et une fois les mains vides, regarder à nouveau la vie en face.

204

Le syndicat battait de l'aile. Les adhérents n'assistaient plus aux réunions; ils n'osaient plus se rencontrer, confronter leurs détresses; ils se terraient comme devant un cataclysme. Jantet était indigné. Ah! oui elle était mauvaise conseillère, la misère, puisque les hommes manquaient à leur devoir au moment où il paraissait tout tracé! Le syndicat, ça n'avait donc été qu'une maison où on venait concilier des intérêts, donner pour reprendre, couver son féroce petit égoïsme quotidien?... Avec les Castel, Tiritt, Chanou, Jantet avait ramené tous les déserteurs à leur poste de combat. On leur avait montré les armes nouvelles : la réunion, l'ordre du jour, la menace, la révolte. Ils s'épouvantaient de ces mots, jadis fantomatiques, et soudain réels et pesants comme des balles! Ils se sentaient encore jugulés par des raisons sentimentales, mais chaque jour qui passait, chaque grognement de leurs entrailles, chaque larme de leurs enfants, les encoléraient et les préparaient au pire.

Des rumeurs semblables arrivaient des villages voisins, puis, de proche en proche, de tout le Midi viticole. Partout, le désespoir attisait la grande colère. Il y avait beaucoup de confusion dans les esprits. Des meneurs politiques faisaient la navette entre les chefs-lieux et Paris, revenaient les mains vides, retournaient chargés de revendications frapper aux portes des ministères, prenaient enfin solennellement parti pour les masses viticoles qui les élisaient, se faufilaient dans les rangs des révoltés qui leur faisaient la blague de les pousser au premier rang. Là, ils feignaient de grands accès de modestie, puis s'effaçaient devant quelque président de comité, inconnu la veille, et soudain grandi, gonflé par l'événement, requis de faire des pas de

géant avec de courtes petites jambes de comice
agricole, d'improviser sans idées, d'être éloquent
sans éloquence... C'étaient Marty de Mirepeisset,
Aubinel de Coursan, Bourges d'Argelliers, et plus
près du *Verdet*, les Tarrius, les Carrère, les Cruchandeu, des barbus et des moustachus, de bonnes
figures enluminées et pacifiques, soudain incendiées de prodigieuses exaltations, et qui rugissaient
sur les placettes de leurs villages, le poing tourné
vers Paris...

A La Saline et Clairac, on tournait les yeux vers
ces hommes comme vers des messies. Le nom de
Marcellin Albert passait sur les foules comme un
météore. On l'appelait déjà : le Rédempteur... Quelques apôtres se serraient autour de lui. La grande
croisade s'ébranlait sur douze paires d'espadrilles.
Ils s'égaraient quelquefois jusqu'à dix kilomètres de
leurs villages et retournaient, fourbus, se faire trai-
ter de couillons par leurs femmes... Un jour, ils
avaient mis le cap sur Narbonne, la capitale du vin
et du vent. Ils y entrèrent blancs de poussière.
Leurs pieds saignaient. On prit tout d'abord pour
des mendiants ces hommes qui prétendaient vouloir sauver trois millions de leurs frères. Ils revinrent, avec des camarades plus nombreux, des formules plus vives. Marcellin Albert parlait du haut
des bancs. Puis il avait grimpé aux platanes; ses
apôtres lui faisaient la courte échelle. Bientôt, il
n'avait plus parlé que du haut du ciel. Il concurren-
çait Dieu le père.

L'oncle Antonn en avait fait sa bête noire; il le
détestait depuis ses premiers bégaiements.

« Voyons... qu'est-ce qu'il dit votre « rédempteur »? demandait-il sur un ton de commisération.
Quels sont ses mots d'ordre? Ah! je vais vous les

dire, moi! L'union, c'est la force! Tous pour un, un pour tous! C'est avec ça qu'il veut vous entraîner? »

Il s'attaquait aux idoles du moment, à Ferroul lui-même.

Au *Verdet*, où ils venaient comme vers un havre, les vignerons continuaient à espérer que les tribuns les tireraient du mauvais pas. Ils tendaient l'oreille vers ces sourdines de révolte, montant de tous les points du Languedoc, et qu'un peu de vent dissipait. Jantet et Mme Castel elle-même hésitaient à se prononcer; ils avaient besoin d'illusion; la bonne volonté de la plupart des agitateurs leur semblait hors de cause. Enfin, se disaient-ils, lorsque cette immense parade se mettra en branle, qui l'arrêtera? Quel pouvoir garderont sur elle les palabreurs et les rhéteurs? Ne seront-ils pas écartés comme des cailloux par le chasse-pierre d'un express?

L'oncle Antonn les galvanisait. Il ressuscitait le souvenir des Bagaudes saccageant les villes pour apaiser en même temps leur colère et leur faim, celui des Albigeois, ces frères de malheur et de sang, celui des Jacques, morts la houe et la fourche à la main, des paysans que la famine avait soulevés par milliers, au long des siècles.

XI

EN septembre de cette année, en plein pressurage, une nouvelle passa sur Clairac et La Saline comme un trait de feu. La femme de Marcerou s'était suicidée!

Dans ce pays de gens robustes, ancrés à la vie comme des chênes à la terre, la nouvelle fit sensation. Les Marcerou, on les avait un peu oubliés dans le flot montant des soucis. Et soudain, leur détresse éclatait en coup de tonnerre. On ne devait s'aviser qu'un peu plus tard qu'ils étaient les premières victimes du déséquilibre qui passait sur la vigne.

La femme de Marcerou n'avait jamais pu se consoler des dédains et des affronts dont elle était l'objet. Elle avait fini par haïr son mari. Quelque temps, dans sa maison de Clairac, elle avait résisté aux affres de la solitude, s'attachant à l'espoir que sa fortune la délivrerait un jour. Hélas! quatre années de crise étaient venues décevoir cette suprême espérance. Un jour, Marcerou lui avoua leur ruine. Elle ne voulut d'abord pas y croire. Mais elle dut se rendre à l'évidence. Marcerou empruntait. Il se livrait, pieds et poings liés, à l'usure, comme ce misérable Tarting-Fargue. Alors, déçue jusqu'au fond de l'âme, elle avait préféré en finir...

On l'enterra dans le petit cimetière aux tertres rouges de Clairac. Marcerou exigea des obsèques civiles. Ravagé de fièvre et de douleur, il levait haut la tête et ses yeux étincelaient. A ce moment, Jantèt eut peur pour sa raison, déjà minée par quatre années de lutte désespérée.

En quatre ans de crise, il avait terriblement changé. C'était une surprise pour tous que de le voir dépenser et entreprendre au moment même où les plus riches propriétaires mettaient leur zèle en veilleuse. Son secret avait vite transpiré; c'était un pauvre secret où alternaient l'orgueil et le déses- poir. Marcerou « mangeait sa vigne »! Il se ruinait! C'était devenu un homme décharné et nerveux, raidi par les coups de fouet de l'alcool. Il ne cessait de provoquer les riches qu'il rendait responsables de sa déchéance. Il était devenu pour eux un sujet d'inquiétude. Les riches avaient pensé au gendarme, mais le remède leur paraissait périlleux. C'étaient des gens que le courage n'étouffait pas, les Rey- Amblard, les Cambre d'Aze et les Sans-Lapeyrouse! Tous les projets hardis que faisait Rey, en qui remuait le sang bouillant des Rey, étaient aussitôt combattus par Madame, à qui le sang des Amblard prêchait la prudence. Tout ce monde s'abritait derrière M. Christine, que sa qualité de maire et de banquier mettait au premier rang.

M. Christine ne souffrait pas trop du marasme des affaires. Sa situation de banquier lui faisait des reins solides. Il avait aidé de Lac à sortir de l'ornière, et de Lac saurait ce qu'il lui en coûterait lorsqu'on réglerait les comptes. Il renflouait les vignerons à la douzaine. C'était un entrepreneur de sauvetages. Sa banque était une morgue. Il rendait la vie aux noyés. Mais il leur faisait insidieusement les poches... Il faisait les poches de Marcerou depuis trois ans, avec la complicité des prêteurs. Aux tentacules, Marcerou devinait la pieuvre... Aussi, M. Christine se sentait particulièrement menacé. Après la chute des Tarting-Fargue, il avait prophétisé que « cet hurluberlu retournerait vite à son fumier », mais il n'était plus maintenant aussi sûr que le destin de Marcerou dût finir aussi simplement. Il faisait tenir l'ancien régisseur à l'œil par les gendarmes de Clairac.

Tiritt avait fini par prendre Marcerou en pitié, et, par une procuration tacite, sans que ce dernier, obsédé par ses malheurs, eût trouvé à redire, il s'occupait de son domaine. Il y mettait ce scrupule et ce désintéressement qui n'appartenaient qu'à lui et lui avaient attaché pour toujours le cœur des Paric. Quelquefois, il menaçait Marcerou de cesser toute collaboration s'il ne se montrait pas plus raisonnable. Mais il n'en tirait pas grand-chose. Parfois, un sourire. D'autres fois, un sanglot.

Jantet se reprochait de n'avoir pas vu plus clair dans le drame de son misérable voisin. Il était trop tard pour le sauver. A son avis, Marcerou avait voulu trop prouver. Il s'était fait une gloire de défier la crise et il payait son défi à cette force mauvaise.

Le suicide de sa femme avait porté le coup de grâce à Marcerou. Après de longues et ténébreuses promenades à travers le pays, il venait souvent échouer au *Verdet*. Là, il semblait que ses fantômes cessaient de le harceler. Nathalie et les enfants ne le voyaient pas surgir sans frayeur. Mais devant eux, il cessait de gesticuler, devenait doux. Il avait une exacte conscience des mots et des attitudes qui pouvaient leur déplaire.

Tiritt le faisait asseoir et lui disait :

« Je vais t'expliquer ce qui a été fait cette semaine au Jouclar. »

Aussitôt, Marcerou tirait de sa poche un portefeuille gonflé de billets et demandait :

« Bon... Arrête... Dis-moi combien ça me fait! »

Tiritt détaillait calmement les travaux, les journées à payer, mais l'autre se refusait à écouter la litanie.

« Arrête! Arrête, je te dis! J'ai confiance... Dis-moi le total et basta! »

Certains jours, Tiritt se mettait en colère. Une fois, il repoussa l'argent et cria sous le nez de Marcerou abasourdi :

« Tu crois que ça va durer jusqu'à la saint-glinglin, ta comédie! Tu me prends pour qui? Ton valet ou ton âne? C'est la dernière semaine que je m'occupe de ton bordel de terres! Tu n'as qu'à t'y remettre, feignant! Je n'ai pas envie de passer pour un qui te vole!

– Pour un qui me vole! fit Marcerou sur un tel ton de surprise indignée que tous les Paric éclatèrent de rire. Fais venir celui qui ose dire ça! Ceux qui me volent, on les connaît! »

Et il révéla que le dernier carré de vignes venait de lui être ravi après tous les autres, la maison, la cave, les récoltes successives, par quelques messieurs de Perpignan conjurés autour de M. Christine. On lui avait ouvert un crédit illimité. Un démarcheur venait faciliter les échanges. Il n'avait pas à se déranger. Il signait et recevait des versements impressionnants. Il était passé tout entier dans l'impitoyable engrenage. Il frappa son porte-feuille du plat de la main.

« Voilà la fin, les amis! Après ça, fûtt! »

Son visage prit une expression sarcastique, effrayante.

« Oui, oui... Fûtt! Après ça, Marcerou sait que c'est fini! Alors il ira trouver les salauds qui l'ont foutu par terre... Et lui aussi, les foutra par terre! »

L'hiver passa. A mille signes, l'année nouvelle s'annonçait comme devant être terriblement ora-geuse. Les vignerons vivaient, les mâchoires serrées, et tout recroquevillés sur eux-mêmes. Ils trom-paient la colère et la faim. Et ils trouvaient encore la force de s'apitoyer sur le sort de Marcerou. On ne savait par quel miracle son domaine tenait toujours. Personne n'osait y porter la main. C'était comme un de ces édifices pillés et ruinés dont la façade reste intacte. Le syndicat avait pris l'exploitation en tutelle et utilisait les chevaux et les charrues de Marcerou. Des huissiers venaient dresser des constats. Au milieu de cette anarchie, l'ancien régis-seur dépensait ses derniers sous. Parfois, il faisait irruption dans une réunion et criait :

« Je... je dépose une motion! »

Et il jetait sur le bureau de l'assemblée sa der-nière liasse de billets de banque, au milieu des regards attisés.

« Prenez, les amis! C'est de l'argent propre! Mes dernières cartouches... Après ça, il restera mes chevaux et ma récolte! A qui ils sont mes chevaux et ma récolte? A Christine ou à Marcerou?... Moi, je dis qu'ils sont à Marcerou! Il ne sortira pas une goutte de vin de ma cave, et mes chevaux, je les tuerai de ma main, vous entendez! On n'aura rien de plus de moi, ou gare! gare à la casse!... Prenez, les amis... Payez-vous! »

Les semaines passaient. Le démarcheur venait, s'en retournait, poussant sur les pédales de son vélo, le dos voûté comme un homme qui pouffe après un bon tour. Les vendanges de Marcerou furent enlevées au grand trot. Sa cave était pleine à craquer. On attendait une fin, comme au théâtre.

Marcerou semblait être maintenant le maître absolu de son domaine qu'il arpentait à toute heure, en long et en large, le fusil au poing; et même, à cause du vide que sa présence faisait dans le vignoble, il semblait que son autorité et sa puissance s'étaient accrues, qu'elles s'étaient étendues au pays tout entier. Et pourtant, aux bruits qui circulaient, aux pressentiments qui s'emparaient du voisinage, aux manigances des gens d'affaires, tout le monde sentait que cela allait finir. Marcerou le savait bien, mais il se guindait à mesure que le carcan lui serrait le cou. Il devenait intraitable. Personne ne s'avisait de l'arrêter dans ses courses de fou. Il se hérissait au premier mot et serrait la crosse de son fusil contre lui. On tremblait. On tremblait un peu pour lui, le malheureux... Sa déchéance, que tant de gens avaient souhaitée, emplissait maintenant de chagrin les plus rudes.

Il ne s'arrêtait plus au *Verdet*. Les Paric oscillaient entre la peur et la pitié. Et d'ailleurs, le malheur de Marcerou entrait dans l'orbe de leur propre malheur. C'était un oiseau noir de plus dans le cercle qui tournait au-dessus de leurs têtes. Ses passages d'enfer tranchaient à peine sur le sombre horizon des jours. Il n'était que le symbole exalté du désespoir viticole.

En Languedoc, en Roussillon, en Provence, dans tous les villages des terres à vin, des fous rôdaient. Leurs cas étaient cités au peuple vigneron que ces exemples fouettaient. A Bize, un exploitant s'était jeté sur ses vignes, comme Chanou, jadis, les avait arrachées dans une semaine de désespoir et de mauvaise ivresse, et il avait dressé un ossuaire de ceps, sur une colline, face à Dieu le père... A Cassagnes, un autre avait roulé sa récolte sur la place du village et il avait éventré cuveaux et futailles à coups de hache... A Coursan, une barricade de demi-muids barrait la route nationale... A Roque d'Orb, la rivière roulait des flots de vin... Un suicide secouait un canton comme un coup de tonnerre... L'émotion, la peur, la haine, toutes les transes de la tripe et du cœur, gagnaient de proche en proche toute la terre du sang et du vin... Chaque village arborait maintenant son exemple, son martyr... C'était souvent un homme comme les autres, parfois moins écrasé que les autres, mais qui n'avait pas su garder au fond du cœur ce grain de patience et d'espoir qui lève en même temps que la rancœur, ce ferment complémentaire des révoltes... C'était souvent un pauvre homme, comme Marcerou... Celui-là, qui n'était pas une victime absolue de la crise, que le désarroi des autres ne touchait plus tant le sien était pathétique, allait pourtant cristalliser toutes les détresses dans un terrible geste...

Un matin, il passa devant *Le Verdet*, son fusil au poing. Il paraissait dans un de ses bons jours. Il avait parcouru la campagne d'un pas solennel, s'était arrêté à l'orée de ses vignes et les avait longuement contemplées. Les yeux des sarments pleuraient. Une brise tiède passait sur la croûte des terres comme le baume sur la plaie. La grande tendresse du printemps amollissait les cœurs et la nature. En passant devant Jantet, Marcerou fit un signe auquel il l'avait habitué depuis quelque temps, une espèce de révérence grotesque mitigée de menace et d'amitié.

Soudain il se mit à courir du côté de Clairac. Il entra dans son écurie, tua ses deux chevaux d'une décharge de chevrotines dans le front. Il mit le feu au chenil, au bûcher, aux quatre coins de sa maison. Il ouvrit à deux battants les portes de sa cave, et, tantôt à coups de crosse, tantôt à coups de feu, il éventra et mit en perce tonnes et futailles. Tout cela, sous les yeux du village apeuré ou fasciné derrière ses volets.

Un homme courut chez M. Christine. Le maire de Clairac se fit expliquer trois fois ce qui se passait. Il gagnait du temps. Il tremblait, tout blême. Et puis, de sa fenêtre, il put se rendre compte... La fumée empanachait un coin du village, des craquements passaient dans le vent, des cris de terreur montaient des rues. Et soudain, une odeur de vin, puissante comme le souffle d'une marée, plana sur le désastre. La rue roulait rouge. C'était un fleuve limoneux, sanglant, devant lequel la volaille et les chiens fuyaient. Des flots de vin, pissant par cinquante vaisseaux défoncés et troués, clapotaient dans la poussière, éclaboussaient les murs, écumaient sur les seuils, grondaient dans les caniveaux. Alors, M. Christine réclama son écharpe. Il balbutia un appel au téléphone. Agrippé par sa femme et sa servante, livides, et essayant en vain de le retenir, il reparut à la fenêtre et cria :

« Je descends! »

Là-bas, au fond de la rue, porté par la marée de sa récolte, Marcerou se montra soudain. Il était nu-tête, le cheveu roussi, dégoulinant du sang de ses chevaux et du vin de sa vigne, tout rouge, poisseux comme une grappe écrasée... Il entra dans le flot de vin. Il en avait au genou... Il marcha dans ce fleuve, entraîné par le courant, le front incendié de lueurs... Toutes les têtes se retiraient des fenêtres, puis reparaissaient, hallucinées par ce passage...

Lorsque M. Christine parut sur le perron de sa maison, l'écharpe lâche, et qu'il aperçut Marcerou arrivant sur lui, il leva les bras pour une exhortation pathétique. Mais Marcerou eut un élan qui le fit chanceler, cependant que M. Christine se jetait sur sa porte pour échapper au danger. Alors, Marcerou épaula. Les cris d'impact des chevrotines se confondirent avec le coup de canon de la porte se refermant sur le maire épouvanté. Puis, cependant qu'un vent de panique secouait Clairac, Marcerou revint à pas lents vers sa demeure.

Les gendarmes arrivaient en hâte. Ils cernèrent la maison. Les flammes jaillissaient de tous côtés. La grosse cuve éclata. Un nouveau flot rouge gicla aux fentes des portes.

Lorsqu'ils se décidèrent à les forcer, à la nuit tombante, ils trouvèrent Marcerou noyé, noyé dans son vin.

Pauvre Marcerou! Il avait cru mourir, et, quelques jours après, on le faisait revivre! On avait fait de sa misérable dépouille un drapeau! Il n'était pas de discours où on ne l'agitât longuement au-dessus des têtes. Cela mettait les gens du *Verdet* dans de grandes colères. Cela les faisait aussi rêver.

Le printemps s'avançait à grands pas, et cependant que la gloire de Marcerou s'étendait jusqu'aux plus lointains rivages languedociens, son domaine, enfin délivré de sa présence vivante, passait insidieusement en d'autres mains. Tout s'arrangea dans la langueur du printemps. Il y eut un sourd branle-bas dans les études notariales, quelques allées et venues de notables de Clairac, une insertion judiciaire à la dernière page d'un journal. Un matin d'avril, des ouvriers entrèrent dans l'ancienne demeure des Tarting-Fargue et se mirent à déblayer. Un foudrier de Perpignan vint à son tour, et Ferdinand de Cambre d'Aze écouta ses explications avec une extrême patience. Bientôt, les vignes s'animèrent, et, avec un peu d'attention, on eut vite reconnu les soufreurs de M. Christine et des Rey-Amblard. M. de Lac ne s'était pas mis sur les rangs, car ses affaires étaient mal en point. Les successeurs de Marcerou avaient mis des formes exquises à leur prise de possession. Ce n'étaient pas des gens à jeter avidement le grappin sur une épave! Ils n'avaient pas des tempéraments de corsaires! Ils étaient venus avec leurs mains blanches et tremblantes d'étrangleurs distingués et pusillanimes. Chacun avait pris la part qui attenait à ses terres. Une borne à déplacer. Une dérayure à combler. Une servitude à asservir. Cela ne dérangeait rien à l'harmonie du paysage... Au contraire! Cela donnait du champ aux horizons... Cela ne bousculait pas le cadastre... Cela ne pouvait même pas faire tressaillir Marcerou dans sa tombe!

XII

CHAQUE matin, Jantet dépliait nerveusement son journal. La plus petite nouvelle viticole avait pour les vignerons l'importance que doit revêtir, pour un condamné, le plus futile murmure venu du dehors. La chronique régionale débordait de protestations et de suppliques. Parfois, de ce fatras de jérémiades et de fanfaronnades, émergeait un appel lucide et fort, et Jantet s'en trouvait ragaillardi. Hélas! ces feux de paille éteints, la nuit paraissait plus noire et plus menaçante encore.

Un soir, au retour du travail, il trouva *Le Verdet* animé et bruyant. Des voisins étaient là, autour de Tiritt qui tenait un journal à la main. Une manchette s'étalait sur toute la largeur de la page. La commune de Baixas venait de décréter la grève de l'impôt! Ce n'était ni plus ni moins qu'un défi à Clemenceau.

Tous ceux qui revenaient des vignes s'arrêtaient. La cour du *Verdet* était pleine de monde. Ces Baixanencs tout de même! On se gaussait d'eux depuis cent ans, et c'étaient eux qui montraient le devoir! Quelle surprise, et quelle leçon!

Les provinces ont leur souffre-douleur, comme

certaines familles. Baixas était le souffre-douleur du Roussillon. Ce n'était pas un village plus contrefait ni plus ridicule qu'un autre, et cependant il s'était trouvé un beau jour affublé de toutes les crédulités, de toutes les excentricités, de toutes les bêtises humaines. Il avait beau envoyer quelqu'un de ses fils à Centrale, pourvoir l'armée française d'un général, rien n'y faisait. Ses plus brillants représentants s'effaçaient devant l'anecdote de la taupe « enterrée vive », paraissaient ternes au regard de « Japote et Pérote », héros du folklore. Cependant, Baixas se préoccupait davantage de son vignoble que de sa légende. Son vin, à base de grenache, muscat, macabéo et malvoisie, toute l'aristocratie de la grappe, titrait quatorze degrés. Il en avait de l'orgueil. Il suivait d'un œil tapageur les déroulements de la crise. La misère forçait des seuils que rien n'avait pu profaner depuis cent cinquante ans. Il attendait, en rongeant son frein, que la qualité de ses vins l'emportât sur la chimie des sucriers. Les courtiers étaient venus, et comme à Clairac, comme à La Saline, comme au *Verdet*, comme partout ailleurs, ils avaient dit :

« Onze francs! »

La ruine, les sommations, les saisies suivirent. Alors Baixas avait poussé un grand rugissement. Le maire Tarrius montra sa barbe au balcon. Cinq conseillers à tête carrée l'assistaient. A eux six, ils formaient une barricade. Ils firent jurer à la foule de défendre l'entrée du village aux huissiers et aux gendarmes. Puis, se tournant vers Caillaux et Clemenceau, comme on jette la première bombe dans une bataille, ils décrétèrent la grève de l'impôt! Dix villages, puis cent imitaient Baixas. Argelliers recueillait le geste et le multipliait. Trois millions de colères se coalisaient.

Là-bas, à Paris, Clemenceau bougonnait sans bien comprendre. Son ministre des finances lâchait du lest. On envisageait des dégrèvements. Une commission d'enquête descendait vers le Midi en sleeping et arrivait à Narbonne vers le milieu de mars. Des délégations, qui se crucifiaient depuis trois ans dans la poussière de routes ne conduisant nulle part, furent enfin reçues. Quatre hommes furent admis à parler à la députaille. Marcellin Albert commandait ce carré. Il se poussa devant. Les envoyés du Parlement se regardèrent. L'un d'eux tâta son gousset.

« On vient vous dire, cria Albert de son fausset le plus pur, que le peuple crie famine! »

Les autres délégués étaient des techniciens. Chacun de leurs chiffres tombait comme un coup de massue. Le Parlement en était comme un bœuf assommé.

Après cela, tout le Midi se secoua. Comme une bête de mauvais poil, Bize et Cuxac, Bages et Baixas, Ginestas et Saint-Nazaire, La Saline et Clairac, Vinassan et Fleury, des dizaines de villages et de bourgs au sang chaud se fédéraient. C'était le 27 du mois de mars 1907, l'aube de la grande croisade. De semaine en semaine, durant deux mois, de meeting en meeting, de mille à cinq cent mille hommes allaient déferler comme une tempête sur le Midi.

Un matin d'avril, Coursan avait vu défiler mille manifestants. Huit jours après, à Capestang, ils étaient dix mille. La Fédération était comme un fleuve en crue. Des villages arrivaient de tous les horizons comme des torrents gonflés d'eaux bourbeuses. A Lézignan, vingt-cinq mille vignerons enflaient la rumeur. Les banderoles s'élevaient sur les foules comme des flammes. A Narbonne, Ferroul avait fait ouvrir à deux battants les portes du Languedoc. Cent mille manifestants, parcourus d'un frisson épique, s'y engouffrèrent. Le ciel était agité. Le défilé dura quatre heures. Une armée d'hommes décharnés, abrutis de soleil et de misère, se montra, aux yeux d'un Etat qui finirait par en avoir honte ou par en avoir peur. A Béziers, quinze jours après, ils étaient cent cinquante mille. Les mots d'ordre en appelaient toujours à la dignité et au calme. Il n'y avait que les pancartes qui criaient. Le *dernier croûton* en annonçait plusieurs autres, cependant que des *guillotines* profilaient sur les balcons des avenues leurs couperets de carton, du carton des foudres.

L'oncle Antonn ne décolérait point. Il assistait à toutes les manifestations. Il montrait le poing aux meneurs qui demandaient du pain à l'Etat et exigeaient la tête de la Fraude. Pour lui, les coupables, c'étaient les patrons qui criaient famine, les banquiers qui les soutenaient de leur argent et de leur presse, ceux auxquels Clemenceau pensait lorsqu'il dénonçait une « offensive réactionnaire ». Oui, c'était bien la faim qui soulevait le Midi, mais derrière ce désespoir du ventre, l'oncle Antonn voyait les désespoirs factices, les grimaces de ceux qui pouvaient attendre vingt années encore le relèvement de la viticulture sans souffrir dans leur chair. Et derrière eux, plus forts encore parce qu'ils n'approchaient jamais ni le vin ni la terre, les trusteurs, les banquiers, les grossistes, la tablée ventrue et cynique des chais, des docks, des sociétés, des conseils d'administration, tous ceux pour qui le moût, comme l'argent, n'avait pas d'odeur.

Tout ce beau monde qui, d'ordinaire, tirait des traites, s'était résolu à tirer des ficelles de pantins, de maires, de conseillers généraux, de journalistes, de députés et de ministres. Ils orchestraient le grand concert des lamentations. Ils organisaient l'union sacrée de la vigne.

« Ah! criait l'oncle Antonn, il la connaît bien, Clemenceau, sa réaction! Il en est! Ils disent : la France! Mais ils pensent au pouvoir! Ils vont vous monter un grand jeu de quilles! Un grand massacre de pots cassés! Et alors, il ne restera plus qu'à laver à grands seaux d'eau le sang des pavés! »

On le faisait taire. Il rentrait au *Verdet* le cœur débordant d'amertume et de dégoût

Jantet essayait de le consoler. Il faisait miroiter la revanche.

« On les attend à Perpignan, ces farceurs! disait-il. On sera tous derrière vous! Il faudra bien qu'ils vous écoutent! »

Le tour de Perpignan était venu. Le préfet avait eu ce mot cynique et superbe : « Si leur vigne ne tient pas, qu'ils plantent des pins! » C'était un joli mot. Un mot de préfet. Mais c'était aussi un défi... L'air d'une fin de mai précoce vibrait. Les premiers chants de cigale énervaient la nature. L'atmosphère montait par bonds, comme des courbes de graphique qui vont à grandes enjambées vers le ciel. Monsieur le Préfet avait passé ses gants beurre frais, mais il les retira dès qu'on lui apprit que la préfecture brûlait. Le Roussillon coulait à pleins bords sur les routes; des trains sifflotaient à la queue-leu-leu. Les corridas, les matches de rugby, et jusqu'au souvenir des invasions carthaginoises et sarrasines, s'effaçaient devant la délirante marée. Et du Nord, du Languedoc de braise et d'or, le long des lagunes cramoisies de soleil, ruisselaient les vagues vineuses et braillantes des délégations.

A l'heure du meeting, deux cent mille hommes enflaient la rumeur des platanes. La tramontane soufflait. Elle secouait les voûtes d'arbres avec furie, endiablait la poussière, communiquait sa puissante contagion à ces milliers de cœurs exaltés. Et la communion était si forte, qu'il fut un moment question :

de mettre le Canigou dans une corbeille!

Il était là, le Canigou tutélaire, derrière cette foule, impassible et pesant, tout d'acier bleu. Et déjà les discours des pauvres hommes le reléguaient au plan de l'inaccessible et du sacré. Les paroles que l'oncle Antonn attendait, les paroles de Coursan, de Béziers, de Narbonne, repassaient sur les mêmes tréteaux, dans le froufroutement de la même andrinople rouge. Et Marcellin Albert, dégrisé par les tortillons de fumée qui empanachaient la préfecture, détrôné par les beuglements sauvages de la tramontane, dépassé, écrasé, laminé par le souffle humain qu'il avait déchaîné, éparpillait avec onction, sur la multitude, des lambeaux de foi tricolore.

Clairac était là, derrière Christine, Ferdinand de Cambre d'Aze et les Figarola... Il ne manquait que Marcerou. Mais il y avait son fantôme. Ils en avaient fait un emblème où on lisait :

Vengeance pour nos morts!

224

Ils étaient là, ballottés, inquiets, dans le flot populaire. Ils applaudissaient Bourges et Marcellin Albert. Et Ferroul, avec sa casaque à la sociale, ils l'applaudissaient aussi... Qu'importaient les mots! Qu'importait l'ivresse! Comme les oreilles de Clemenceau devaient siffler! Il était sûrement à l'écoute. Il allait allonger sa griffe un de ces quatre matins. Des flancs saigneraient. Les yeux du monde se tourneraient enfin vers Clairac! Il y aurait de l'indignation, de la pitié, un de ces grands flanchements humains qui accouchent toujours d'une aumône, l'aumône du puissant au vaincu.

Le Verdet et La Saline étaient là, eux aussi. L'oncle Antonn marchait à côté de la pancarte. C'était un cri séditieux auquel personne ne prenait garde, un vieux cri :

> *Travailleurs!*
> *Libérez-vous vous-mêmes!*

Jantet, Castel, Tiritt marchaient près de lui. Ils se donnaient parfois la main. Ils formaient une chaîne enivrée, et derrière eux, ceux de La Saline serraient les poings. L'oncle Antonn dévisageait les pancartes et chacune d'elles lui arrachait un ricanement. C'était partout la même pauvreté revendicatrice, la colère détournée du véritable objectif. Ils se sentaient entourés de pauvre exaltation, de gêne, et parfois même d'une pitoyable allégresse. Il y avait des îlots de kermesse dans cette mer humaine. Lorsque les premiers discours roulèrent sur eux, ceux du *Verdet* poussèrent plusieurs cris de réprobation. On les fit taire. On les traita de provoca-

225

teurs. Alors, ils formèrent le carré. On les frappa, mais ils rendaient les coups. Ils tournaient, agrippés, hérissés; ils faisaient un remous avec leur pancarte qui titubait, haut brandie... Enfin, ils furent rejetés de la « grande communauté laborieuse ». Ils s'échouèrent sur la grève de Lassus comme une ovation accueillait un nouvel orateur. Ils remontèrent la manifestation en chantant *L'Internationale*. La foule s'écartait, pâlissait sur leur passage, cependant que des commissaires tremblants s'attachaient à leurs chausses comme de vieux chiens.

Sur la place du Castillet, l'oncle Antonn les arrêta.

Ils étaient une poignée, ceux de La Saline, unis comme les doigts de la main, des inconnus que leur couplet avait agriffés au passage. L'oncle Antonn monta sur un banc. Le vent secouait sa barbe comme une broussaille.

« Vous avez vu! cria-t-il. Le peuple est trompé! Le peuple est foutu! Il nous a chassés! Il nous a vomis! Il a vomi son âme! »

Des groupes arrivaient en courant. Un bonisseur? Un amuseur? Non... Un homme qui leur cinglait la face!

« Ah! ça vous vient de loin cette lâcheté de vaincus! Il vous faut donc un siècle pour reprendre haleine! Vous êtes des victimes de la Commune, oui! Ça vous étonne, une chose vieille de quarante ans! Trente mille cadavres, on ne s'en relève pas comme de simples couches! La fleur du prolétariat dans cette moisson... les coquelicots du prolétariat tous fauchés! Votre bourgeoisie a compris... Elle se sent tranquille pour un siècle, je vous dis!

— Taisez-vous! Descendez! » crièrent les commissaires.

Il y avait des bousculades. Des hommes sombraient dans la mêlée.

« Regardez un peu ce passé! C'est sur le charnier de vos pères que les fortunes ont poussé! Votre France est en or! En or massif! Elle est considérée... La livre sterling lui offre le bras... Le kopeck lui tend la main... Pour mendier bien sûr, car la guerre rôde... Vous ne voyez pas? Qu'est-ce qui vous aveugle depuis quarante ans? C'est le tam-tam? C'est le Tonkin? Non... Alors c'est la grande victoire de la juiverie? Le blanchiment de ce couillon de Dreyfus? Non... Alors, c'est les fanfares de l'Exposition, la grande roue, le trottoir roulant, le teuf-teuf, le pétrole, le progrès? Pas encore... Ah! j'y suis... Je sens que vous n'êtes pas aussi sourds que je le craignais! La grosse caisse et le clairon ne vous empêchent pas d'entendre les cris des mourants de Carmaux, de Draveil, du Havre, les cris de vos copains assassinés! »

La place était noire de monde. Les coups pleuvaient. Le service d'ordre essayait de se frayer un passage. Jantet, Tiritt et Castel se battaient comme des lions. L'oncle Antonn se pressait de parler. Il essayait de se dégager de ses sarcasmes pour prononcer des paroles de foi, et il n'y parvenait pas.

« Ah! écoutez-les... Écoutez-les les cris de Carmaux, les cris de la Commune! Ce sont les cris que vous pousserez demain sous la fusillade! Il faut que ces cris vous suivent jusque dans la paix de vos maisons, jusque dans les bras de vos femmes! Vous ne pouvez pas connaître de repos avec ces cris dans les oreilles! »

La foule flanchait.

« Taisez-vous! Descendez! » criaient les commissaires.

Un égaillement se faisait devant leurs coups. Alors, devant ce peuple qui renonçait, l'oncle Antonn leva une dernière fois les bras, et avant que la police parvînt jusqu'à lui, il jeta une dernière brassée d'invectives :

« Je savais que vous auriez peur! Je vous connais! Vous êtes les radicaux bouffeurs de curés dont les femmes chantent matines! Vous êtes les antimilitaristes cocufiés par la garnison! Avec votre Waldeck et vos Combes, vous vous asseyez sur le cadavre de Varlin! Vous êtes de la Sociale! Vous êtes avec Jaurès, avec Ferroul, avec Hervé! Il ne faut pas vous en conter alors! Vous êtes de la chorale... Vous préparez la révolution avec le bulletin de vote! Vous croyez tenir votre destin en brandissant un torche-cul! Eh bien! vous êtes des gueulards, des flambards, des lâches! On vous attelle à vos corbillards avec des pompons! Vous êtes avec le roi d'Italie et le shah de Perse contre l'anarchie?... Vive l'anarchie! Le sang royal vous fout des cauchemars?... Vive l'anarchie! Les ombres de Vaillant et de Ravachol vous glacent?... Vive l'anarchie! »

Il était ceinturé, frappé, entraîné. Jantet s'était jeté à son secours, mais d'un geste, il l'avait fait renoncer...

On avait relâché l'oncle Antonn. Ils étaient rentrés au *Verdet* dans la nuit. Les femmes les attendaient dans les transes.

« Grande journée! leur cria l'oncle Antonn, en sautant de la charrette. Oui, grande journée! On leur a sonné le tocsin, le vrai tocsin de la vie et de la mort! »

Dès le lendemain, pourtant, il ne fut plus possible aux uns et aux autres de cacher leur désillusion. La semaine passa lourdement. Les vignes gonflaient autour d'eux et les requéraient de toute la force de leurs ramures comme le nourrisson exigeant requiert le sein de la mère. Il fallait lutter! Ils s'épuisaient en travaux vains, entre des repas où manquait souvent le pain. Ils étaient amaigris, fiévreux. Ils désespéraient d'arriver aux vendanges.

Chanou, le maraîcher, l'homme qui avait arraché ses vignes, parlait maintenant de détruire son jardin. Il ne vendait plus rien. Il n'y avait plus d'argent dans les tiroirs. Alors, il donnait ses légumes. Il nourrissait vingt familles. On le payait comme on pouvait, d'un peu de pain, d'un peu de lard, d'une tranche de saucisson, et du vin, en veux-tu en voilà! Il voyait comme tout se tient. Il le savait depuis longtemps. La révolution, ce n'était pas tout arracher ni tout détruire, c'était s'entraider, vaincre la misère ensemble, se libérer d'un même cœur. Il prêchait et s'exaltait plus haut que les autres. Clemenceau devenait sa bête noire, son nouveau phylloxéra. Et il considérait l'oncle Antonn comme son chef.

« On te suivra partout! criait-il. Je fournis le ravitaillement! Je fournis l'oignon! »

L'oignon était devenu la spécialité du pays. On le mangeait cru, au gros sel, cuit, en salade, à tous les repas. Il emplissait le pays d'une rosée de larmes. Il coupait les nuits de cauchemars. On l'aimait quand même... Il attendrissait l'œil, mais fouettait le sang. Il chargeait l'haleine, mais dégageait le cerveau... Chanou ne cessait d'en vanter les vertus, et proposait de convertir le vignoble en oignonnière, quand la révolution serait faite, et qu'il faudrait aider les autres provinces de France à faire la leur!

Avec Chanou, malgré la rigueur du moment, les occasions de rire ne manquaient jamais. Mais il y avait encore d'autres sujets de gaieté au milieu de cette race à l'humour jaillissant et fort, qui est la marque du courage, comme la fleur insolente de la gravité. Les seuls qui ne prêtaient pas à rire étaient les félibres et les bardes que la crise avait fait proliférer comme cochylis en juin, et qui prétendaient sauver la vigne à coups de mirlitons. Ils avaient tous plus ou moins puisé sans le savoir dans la célèbre litanie rabelaisienne, mais ces misérables en tenaient pour le :

> *Vin à pommettes,*
> *Vin à pilettes,*
> *Vin à sonnettes,*

cependant que de toute évidence, c'était le

> *Vin héroïque!*
> *le vin prédestiné!*

qu'il eût fallu célébrer et pousser à grande verve vers son destin...

Ils s'abritaient aussi derrière Ronsard, ou derrière Mistral, enfin, derrière un grand monsieur qui les abritait en même temps du soleil et de la gloire. Mais le malheur était que sous couleur de « verser des roses en ce vin », ils infligeaient à leur clientèle altérée de terribles piquettes! Il y avait des professionnels du vers, des universitaires réputés, laurés de chardon, graves et compassés comme il convient à qui a reçu en garde toute la poésie du pays. Il y avait les amateurs, de beaucoup plus intéressants, des modestes qui lâchaient l'alène ou la varlope pour trousser un couplet. Il y avait Philémon Calestroupat le forgeron, Onuphre Cruchandeu le fer-

230

blantier, Sébastien Trémolère le barbier. Le polissoir, le fait-tout et l'enclume... Cela aurait pu donner de jolies choses si ces braves gens ne s'étaient mis à prendre la piquette de leurs maîtres pour du vin d'origine, leurs pétarades pour des feux d'artifice, leur vanité pour de l'orgueil, leur entêtement pour du souffle, leur bêtise pour du génie.

L'oncle Antonn enrageait. Il rêvait d'une Carmagnole du vin, allègre et vengeresse, foulant comme grappes sous ses sabots ivres, tous les ennemis du peuple! De la serpe au pressoir, ce n'étaient pas les allégories qui manquaient! Jamais vendanges n'eussent giclé si haut! Jamais pourpre n'eût plus généreusement éclaboussé la terre!...

Les Paric et les Castel l'engageaient à reprendre sa guitare. Il disait: « Vous croyez?... » Des souvenirs tous frais l'assaillaient. Les foules croissaient sur les places languedociennes. Elles bêlaient désespérément.

« Vous croyez?... répétait l'oncle Antonn. Vous ne pensez pas que tout ce monde est plutôt mûr pour une messe! »

Et la Carmagnole du vin se terrait au fond de sa gorge...

Cependant, le thermomètre atteignait les températures de mort. Deux cent cinquante mille manifestants à Carcassonne, trois cent mille à Nîmes, cinq cent mille à Montpellier... Là, devant ce demi-million de regards exigeants, les chefs s'étaient sentis acculés à une grande décision. Ils s'étaient juchés sur des arbres, mais cette fois, ce n'avait pas été pour parler. Ils n'avaient pas trouvé d'autre moyen d'échapper à l'enthousiasme, à l'énorme embrassement de la foule. Sauvés de l'étouffade, ils purent répéter leur litanie; pas de jalousie! pas d'ambition! pas de haine! pas de politique!... Rien que des négations. Rien que des refus. Rien que des défenses. On eût dit de vieilles gouvernantes régentant des enfants dans un parc. Ces ennemis des fraudeurs fraudaient. Ils mettaient toute l'eau du pays dans leur vin.

Alors, Ferroul se dressa. Il devait une surprise à la multitude. Il annonça la démission de toutes les municipalités fédérées, et qu'au tocsin de la misère, l'Hôtel de Ville de Narbonne allait arborer le drapeau noir. Enfin, il déroula son écharpe et la jeta en défi à la face du gouvernement...

Les ponts étaient rompus.

Alors, dérangé dans sa jungle, Clemenceau avança sa lourde patte.

C'était le 17 juin.

Des plus lointaines garnisons, la soldatesque dévalait sur Narbonne. Cuirassiers, gendarmes et dragons accouraient de partout, dans une glorieuse poussière d'été. Des casernes se vidaient et d'autres s'emplissaient dans des bruits de guerre. Le Languedoc était sillonné de piaffements et d'éclairs. Des canons, muselés comme des monstres de cirque, et bâchés de noir, parcouraient les pavés avec des dandinements funèbres.

Un délire subit avait dressé les hommes de la vigne.

Au *Verdet*, comme dans des milliers de mas et de villages du Midi, un conseil de guerre s'était tenu autour de la toile cirée, ce tapis vert des délibérations paysannes, sous l'œil agrandi des femmes.

« Il faut partir ce soir-même! » dit l'oncle Antonn.

XIII

ILS roulaient depuis des heures. Bijou se comportait comme un vieux briscard. Non seulement il avait consenti à trotter une partie de la nuit, mais encore il s'était plié aux plus singulières exigences. Il avait dû quitter plusieurs fois la route et traîner sa cargaison d'hommes chuchotants à travers champs, s'arrêter derrière des haies, séjourner parmi les roseaux et les herbes des marais, et à mesure que le soleil montait, que la lumière dénonçait le plus futile tressaillement de la plaine audoise, on le fourgonnait comme un damné.

La route n'était pas sûre. Des essaims de gendarmes à cheval patrouillaient. Le trafic des trains était suspendu. Mais, l'énergie, la bonhomie affectée et la ruse, avaient permis aux gens du *Verdet*, comme à des milliers d'autres hommes, de se rapprocher du but. Autour de Narbonne, sur tous les chemins, par vignes et champs, une armée de gens à pied, de gens montés, en manches de chemise, et flamme terrée au plus profond du cœur, marchait au combat

Dans la charrette du *Verdet*, Jantet, l'oncle Antonn, Tiritt, Castel et Chanou se sentaient endoloris par dix heures de cahotements et d'incertitude, par cent mauvaises nouvelles recueillies en route, sur des lèvres tremblantes, dans le halo des lanternes. On avait arrêté Ferroul... Marcellin Albert se dérobait... Le sang coulait sur la promenade des Barques... Narbonne grouillait de troupes et de mouchards...

Soudain, le bramement d'airain des clochers de la ville leur parvint. Le tocsin balayait leurs transes de son grand vent salubre. C'était la première réalité vibrante, le premier encouragement entrant dans leur chair. Debout, le dos appuyé à la ridelle, l'oncle Antonn regardait l'horizon de la cité de ses yeux aiguisés de fièvre. Aplatie sur l'immensité des vignes et des eaux, au fond d'un désert miroitant, telle une épave flottant dans l'apaisement d'une tempête, Narbonne hissait ses drapeaux. Le ciel était nu et cru. Des poussières s'atterraient dans le vent, et tous les arbres, déjetés comme des infirmes par des années de lutte contre l'autan, gesticulaient vers le même point de l'horizon...

« Vous entendez? dit l'oncle Antonn. Ils appellent. »

Il était pâle. Jantet se dressa à son tour. Il tremblait un peu dans le souffle sonore qui les enveloppait. Toutes les cloches venaient de se dresser sur leurs ergots. Toutes les cloches coquericaient. Graves et clairs, rauques et purs, les cris du bronze fouillaient villages et mas, se fondaient, se coalisaient, s'en allaient émouvoir le coin le plus ensauvagé des Corbières, la hutte la plus empêtrée du marais.

Les gens du *Verdet* allaient sous le bramement de l'airain comme sous une arche immense, et la

clameur s'accélérait, se désespérait, les secouait de
son halètement, à leur arracher nerfs et entrailles.

« Gare là-bas! » cria soudain Tiritt.

Un flocon de poussière fusait dans un tournant;
des éclats de harnais et d'armes trouèrent la grisaille du chemin. Ils arrivaient dans un embouteil-
lage de véhicules. On en apercevait d'autres au loin.
Des gendarmes levaient les bras. Des coups de
sifflet jaillirent.

« Allez! marche! » dit l'oncle Antonn.

Jantet fouetta Bijou. La charrette déborda celles
qui étaient arrêtées. Une roue entra dans le fossé.
Un gendarme fit un saut en arrière.

« Au nom de la loi! cria-t-il.

– Marche toujours! » dit l'oncle Antonn.

Bijou avait pris le grand trot. Derrière lui, toutes
les charrettes s'ébranlèrent à la fois; d'autres arrivaient derrière; c'était comme une débâcle de gla-
ces. L'invasion tranquille et farouche, goguenarde et
irrésistible, continuait. Les gendarmes levaient les
bras dans des gestes d'impuissance. Leurs mailles
craquaient. Ils ne retenaient plus que les très vieux
chevaux. Les équipages sautaient alors par-dessus
les routes et les ridelles, et s'échappaient.

Les portes de Narbonne étaient barrées de poitrails. Mais on entrait dans la ville de tous côtés, par
les ruettes mal gardées, les jardins, les poulaillers,
les terrains vagues. On cognait aux portes. On était
bien reçu, mal reçu... Qu'importait! On faisait l'assaut des intimités. On n'avait de cesse qu'on eût
atteint le cœur de la ville.

Jantet avait arrêté Bijou devant une ferme, non

loin de Narbonne. Un vieillard tout tremblant les accueillit sur le seuil.

« Entrez! dit-il. On vous gardera la bête. Allez! et faites du bon travail! Que Dieu vous protège! »

Ses fils étaient partis au premier coup de campane.

« C'est une indignité! dit-il. Ils ont arrêté notre Ferroul! Qu'est-ce qu'on va faire sans lui, bon Dieu? Pourvu qu'il n'arrive rien à mes fils! »

Une femme encore jeune, aux yeux rougis par les larmes, parut derrière le vieillard, et lui demanda sans daigner honorer d'un regard les arrivants:

« Qu'est-ce qu'ils veulent, ceux-là?

– Nous venons vous donner un coup de main! dit Castel, en souriant. On dirait que c'est le moment!

– Vous feriez mieux de rester tranquilles! répliqua la femme avec acrimonie. S'il arrive quelque chose à mon homme, qui c'est qui paiera? C'est pas moi, sa femme?

– Allons, allons... » faisait le vieux, tout confus.

Ceux du *Verdet* furent un moment décontenancés par cet accueil. C'était un obstacle qu'ils n'avaient pas prévu. Depuis des heures, ils ne se gardaient que des gendarmes... Maintenant, il y avait les femmes... Celle-là les dévisageait d'un œil plein de rancune. Son mari était en danger. Elle était peut-être veuve à cette heure. Ils la devinaient déchirée d'angoisse. Aucun ne se sentait le cœur de la brusquer. Elle eut vite conscience de sa supériorité.

« Vous pouvez laisser votre cheval ici! dit-elle. Seulement, je vous préviens que s'il arrivait quelque chose à mon homme, il ne faudrait pas approcher d'ici, ni vous, ni personne! »

Elle se renfonça dans sa maison et le vieillard dit à voix basse.

« Excusez-la... Elle est comme folle aujourd'hui... Elle a un fils soldat au 17e de ligne, un régiment qui marche contre les nôtres, justement... C'est son *pitchoun*... Vous comprenez... Le mari d'un côté et le fils de l'autre, c'est à faire tourner la tête... »

Et il ajouta, plus bas encore, afin d'être sûr que sa bru ne l'entendrait pas :

« Moi, je ne vois pas les choses comme elle! Si je pouvais vous suivre! »

A peine arrivé dans Narbonne, l'oncle Antonn s'était fait une popularité. Juché sur un banc de la promenade des Barques, il avait pu prononcer des paroles qui eussent paru sacrilèges la veille.

« Votre Ferroul vous a conseillé de capituler! Il a parlé de pitié! Il vous a désarmés! La pitié, maintenant, c'est de la trahison! Moi, je vous crie : aux barricades! »

Ils s'étaient trouvés une centaine derrière lui. De la Rue Droite à la rue de l'Ancien Courrier, on ne voyait que sa barbe frémissante. Jantet et Tiritt l'aidaient à entasser les poutres et les pavés. Le soir tombait. Le soir du 20 juin. Un crépuscule interminable d'arrière-printemps, de plaine, de vin et de sang, teignait les murs et les pavés et allumait aux vitres des maisons de sinistres et prophétiques lueurs. Narbonne baignait tout entière dans une flaque de lumière rouge. Rue de la République, une barricade montait à un rythme fou.

« Bravo! camarades! » criait l'oncle Antonn.

Il était comme un chef cousu d'étoiles. On se le montrait, tout blanc, tout enfiévré, le poil en folie.

« Vive le Catalan! criait-on.

– Non, non! répliquait-il. Vive la Commune! »

A sept heures, la barricade fut terminée. La rue de l'Ancien Courrier était bouchée. Un drapeau rouge jaillissait entre deux pavés. Les maisons s'embrumaient de nuit. La ruette zigzaguait sur des pierres inégales. Des ombres lourdes de gendarmes se montraient, dandinaient comme des ombres d'ours dans le noir d'une fosse.

« Il nous a fallu tout remonter! » dit Castel, lorsque l'oncle Antonn et Jantet arrivèrent.

Les fantassins du 80ᵉ étaient venus. Une poignée d'hommes commandée par un général! Ils avaient démoli la barricade, pierre à pierre, avec des mines maussades. La foule les avait d'abord sifflés. Puis elle les avait pris en pitié.

« Il vous fallait voir le général! dit Castel. Il était furieux! On l'engueulait. Un trognon lui a déquillé le képi! Il a fait croiser les baïonnettes!

– Je ne comprends pas comment ça s'est passé si tendrement! dit Chanou. Le général a ramassé son couvercle en or dans la boue... Il avait tout le sang à la figure... Ça gueulait! Et les pioupious, pauvres gars, ils tremblaient comme des feuilles, avec leurs baïonnettes tournées vers nous...

– Et après? demanda Jantet.

– Après? Il n'avait pas tourné le coin de la rue que la barricade était à nouveau relevée!

– Très bien! dit l'oncle Antonn. Ne démarrez plus d'ici maintenant! Sous aucun prétexte! Vous venez, Jantet? Tiritt? Tu peux venir toi aussi, Chanou! Il nous faut voir le mouvement! »

Le boulevard Gambetta bouillait comme une chaudière. Les terrasses des cafés ressemblaient à des parterres houleux. Les hommes étaient rouges et gesticulants. Des frissons secouaient les belles madames enfiévrées par les pronostics. Des gens traversaient la chaussée en courant, la tête tournée vers l'amont, entre deux passages de cavalerie. Dragons et cuirassiers patrouillaient depuis des heures. Ils passaient en petits pelotons rageurs. C'étaient de courtes rumeurs crépitant comme des volées de billes sur un trottoir, des bruits incertains de foire. A mesure que la nuit venait, tout cela prenait du mystère et de l'importance. Des éclairs, provocants comme des œillades, jaillissaient des pavés, des mors, des étriers, des cuirasses. C'était un flamboiement d'insolence, un énervant défi... La foule poussait des cris hostiles. Le passage des troupes lui communiquait des mouvements de limaille attirée à distance par l'aimant. Elle ondulait sur les trottoirs, débordait sur la chaussée, jusqu'à heurter les poitrails et les croupes démontées. Les chevaux renâclaient, les gencives à vif, parcourus d'ondes qui les faisaient luire comme une eau frissonnante; la haine du peuple les enveloppait avec autant de certitude que leurs cavaliers. Une alerte mourait à peine au fond de l'avenue qu'une autre se levait de l'autre côté. C'était comme une allée et venue de météores provocants. L'air se chargeait de seconde en seconde. Il n'y avait plus d'indifférents. Il n'y avait plus de curieux. Toutes les bouches criaient :

« Hue! A mort, le septième! »

Jugulaire au menton, violacés ou blêmes, les cuirassiers du septième ricanaient.

« Lâches! Meurt-de-faim! Vendus! Assassins du peuple! »

Les injures les durcissaient sur leurs selles. Devant un geste de forcené courant à reculons devant leurs sabots, les montures se jetaient en travers du défilé comme une branche rebelle dans un courant. La foule avait cerné les terrasses des cafés; sous la poussée, les guéridons se renversaient, des verres se brisaient, des vitres craquaient. Les belles Narbonnaises et leurs maris, l'aristocratie de la cuve et du chai, qui avaient jusqu'alors participé à l'indignation générale, se retiraient insidieusement des postes de combat. Les femmes laissaient un sourire en s'en allant. Le peuple prenait leur place dans les lazzis. La révolte se dépoitraillait et fumait.

« Le 10e! à mort! Salauds! Crapules! »

Au pas de parade, sabre au clair, un escadron du 10e s'avançait sur toute la largeur de la chaussée. Sur le boulevard, que des arcs puissants éclairaient, la masse d'acier faisait le vide devant elle. Une grêle de pierres et de boulons se mit à pleuvoir.

« Ils sont fous! Ils déclarent la guerre! » cria en s'enfuyant un vieux à barbiche blanche.

Les chevaux s'énervaient. La foule reculait devant la menace des sabres et des sabots. Les rues adjacentes, les entrées des maisons, les impasses et les renfoncements, s'emplissaient et se vidaient d'une humanité enfiévrée. Une femme, entravée dans sa jupe, gisait sur un trottoir. Des casquettes traînaient. Un cheval se cabra, un autre patina sur un tesson.

Soudain, au moment où la cavalerie passait devant ceux du *Verdet* rassemblés et hurlants, Jantet se sentit comme saisi à la gorge. Là, à quelques pas, dansant sur sa monture à la tête du peloton, il venait de reconnaître Lambert! L'œil irrité, la jugulaire entrée dans les chairs du visage, provocant et

240

hostile, il paraissait animé d'une prodigieuse colère.

« Alors! qu'est-ce qui t'arrive? » cria l'oncle Antonn à la vue de Jantet médusé.

Jantet se remit à crier. Son cœur battait à grands coups. Lambert! Toujours Lambert! Quelle fatalité embusquait inlassablement cet homme sur son chemin?... Comme il semblait haineux, et en même temps enivré de son rôle! Jantet ne lui avait jamais vu un tel visage!

Une nouvelle troupe de cavaliers passait au petit trot. La foule s'enhardissait, frappait les chevaux. Des cris d'hommes bousculés par les poitrails, piétinés, frappés du plat des sabres, trouaient le tumulte.

Jantet criait toujours, machinalement. Il s'enrouait. L'image de Lambert lui voilait le spectacle, obscurcissait ses impressions, l'obsédait. Qu'un criminel se trouvât du côté de l'autorité et de l'ordre, qu'il défendît la loi, cela lui paraissait monstrueux. Cette haine que Lambert montrait si manifestement, il essayait de se l'expliquer autrement que par la cruauté inconsciente que son ancien camarade mettait dans les moindres actes de sa vie. Elle lui paraissait raisonnée, inspirée sans doute par les échecs et les affronts qu'il avait subis, les transes dans lesquelles il avait vécu. Oui, dans le cœur de ce misérable, le souvenir de Jantet et des illusions perdues devait rester fiché comme un poignard. C'était Jantet lui-même que, le sabre au poing, il devait pourchasser dans la foule des vignerons...

Maintenant, le boulevard était comme un océan en délire. Les premières bagarres avaient fait surgir la fureur terrée au fond des cœurs. Des appels de clairon montaient de la nuit. Un branle-bas de guerre s'annonçait quelque part. La chevauchée venait de laisser derrière elle comme un affolement de feuilles mortes. Ce fut alors que l'oncle Antonn cria :

« Aux barricades! »

Cent hommes frémissants se précipitèrent. En un clin d'œil, sous les lumières dansantes des globes électriques, les bancs de la Promenade furent arrachés et jetés en travers de la chaussée, une charrette renversée, des poutres enchevêtrées, des chaînes et des filins tendus. Des femmes luttaient au milieu des hommes. La haine leur faisait des visages de volupté. Ah! se disait Jantet, comment ai-je pu douter d'elles ce matin? Chignons croulants et seins nus, démoniaques et belles, elles donnaient l'exemple depuis des heures, faisant honte aux soldats, giflant les officiers, dénonçant les mouchards, harcelant les flancs des patrouilles en harpies pathétiques, et maintenant, maniant la torche et le pavé comme les plus forts et les plus farouches des hommes...

Soudain, un mugissement d'orage se leva au fond du boulevard. Une panique d'essaim fit bouillir la perspective. Une masse grandissait avec un grondement d'express. Les globes électriques s'évanouissaient un à un dans le brouillard de cette montante marée. Un tumulte inouï de cris, de sifflets et de galops fit vaciller la ville sur ses fondations.

« La charge! »

La foule s'était jetée aux cantonades.

C'était la charge, en effet. Elle emplissait la largeur de la chaussée comme une crue braillante entre deux culées. Leurs bêtes lancées au galop, ployés sur les encolures, le mousqueton ou le sabre au poing, moulinant et sacrant, cuirassiers et dra-

242

gons éventraient l'espace. Leur vacarme avait couvert toutes les clameurs. A cent mètres, la terre trembla.

A ce moment, toutes les lumières s'éteignirent à la fois. Quelque part, une poigne diabolique, crispée sur la manette de l'interrupteur, venait de plonger la charge dans la nuit. La trombe de chair et d'acier continua sa course dans les ténèbres. Au coude à coude, ceux du *Verdet* s'étaient tendus. Un souffle leur fouetta le visage. La barricade était à cent pas en aval. Il y eut un choc de tonnerres, des hurlements. Le premier rang de cavaliers venait de s'écraser sur l'obstacle. Il y eut un chevauchement d'ombres gigantesques, un tourbillon de bêtes et d'hommes éperdus. Des ordres secs dominaient ce tournoiement de mascaret. Une pluie de fonte et de pierre jaillissait des fenêtres et des trottoirs. D'autres cavaliers arrivaient, patinants et bondissants sur les chaînes, les poutres et les tessons.

Ceux du *Verdet* se reculèrent.

Devant eux, un cheval venait de perdre sa route et titubait comme une grosse masse soûle. Il vint se faucher sur l'arête du trottoir, et le cuirassier qui le montait roula sur le ciment dans un gros bruit de ferblanterie. Il resta inerte quelques secondes, comme un pantin brisé, se releva, fit quelques pas incertains, les bras tâtonnants, pirouetta, puis se mit à courir comme un fou dans la direction de la mêlée. Le casque brillait sur le trottoir. Le cheval resta là, gigotant, impuissant à se relever, et ses renâclements plaintifs ressemblaient à des pleurs d'enfants.

Ce fut alors, au plus fort du désarroi, que le premier coup de feu claqua. Un cri d'horreur sinua sur la foule, s'engouffra par les rues, couvrit le bruit dès fuites paniques. Comme d'immenses sanglots de feu, deux salves retentirent. A l'angle d'un bar, il y eut comme un tournoiement de moisson fauchée. Ceux du *Verdet* étaient tout près. Ils se sentirent empoignés par l'odeur du massacre.

L'oncle Antonn se détacha soudain de leur groupe, sauta dans l'espace balayé par la fusillade, enjamba morts et blessés, jusqu'à ce qu'il parvînt au cheval tombé devant eux, quelques secondes avant. Ils le virent fourrager les flancs de la bête, se relever délirant, brandir un pistolet d'arçon et tirer dans la direction de la barricade. Puis, sourd aux appels de Jantet, s'arrachant des mains de Tiritt et Castel qui s'étaient précipités pour le retenir, il se jeta, l'arme au poing dans la tornade. Il s'enfonça dans l'obscurité comme un blanc fantôme. Une nouvelle fleur de feu jaillit de son pistolet. Il cria :

« Vive la Commune! »

Ceux du *Verdet* trouvèrent tout de suite son corps. Il faisait une tache blanche sur le pavé, à quatre pas de la barricade; le pistolet encore chaud avait glissé de sa main molle. Ils le relevèrent cependant que Jantet sanglotait.

Les cuirassiers étaient loin. La foule était revenue. La chevauchée avait laissé derrière elle une odeur de fumure et de sang. On s'écartait devant le petit cortège de ceux du *Verdet*. Des gens pleuraient tout haut. Les secours s'organisaient. Il y avait des civils, des soldats. C'était un grand mélange d'horreur et de pitié.

« Par ici! cria une voix. Au Continental! C'est

ouvert. Il y a des médecins. Il y a même un major à quatre galons! »

L'oncle Antonn gémissait doucement. Tous les cinq pas, Jantet relevait un de ses bras qui tombait. La tête du mourant ballottait contre sa poitrine. Il s'abandonnait comme une gerbe au lien coupé. Jantet sentait une traînée chaude se glisser sous sa manche.

« Vite! dit-il. Marchons plus vite! »

Castel et Tiritt tenaient les jambes et le milieu du corps. D'autres groupes, agglutinés autour de formes allongées, marchaient près d'eux : les morts et les blessés qu'on transportait... La lumière revint comme ils atteignaient le Continental. Quelques secondes durant, Jantet chemina sans rien voir. Il n'osait regarder le visage de l'oncle Antonn.

Ils déposèrent le blessé sur une banquette. Son front était devenu si blême que sa barbe en paraissait jaunie. A chaque souffle, une bulle rose crevait entre ses lèvres.

Des médecins étaient sortis de la foule. L'un d'eux s'avança vers eux, aussi reconnaissable à son autorité et à sa gravité qu'un prêtre à sa soutane. Il se pencha sur l'oncle Antonn. De son canif, il déchira largement la chemise sur la poitrine empourprée. Il montra à ceux du *Verdet* les orifices d'entrée et de sortie de la balle. Et il dit doucement, comme pour lui-même :

« Fichu! »

La grande salle du Continental était transformée en ambulance. Des gémissements et des pleurs montaient de toutes parts. Des civières entraient et sortaient. Un homme s'époumonait au téléphone. Dehors, la foule s'écrasait derrière les vitres. Dans cette atmosphère de fièvre et de douleur, ceux du

Verdet gardaient les yeux secs. Jantet lui-même avait reconquis toute son énergie.

« J'espère qu'on ne va pas le laisser là jusqu'au matin! » fit Tiritt, en hélant deux porteurs.

A ce moment, arrivèrent deux brancards. Dans l'un, on portait un cuirassier qu'on venait de découvrir, à la faveur de la lumière, près de la barricade. L'autre était vide.

« Voilà notre affaire! » dit Tiritt.

Il réquisitionna la civière. Puis, il s'approcha des autres et leur dit à voix basse :

« Ecoutez-moi... Ils vont le porter à l'hôpital... Il va mourir d'un moment à l'autre... Vous croyez qu'il ne vaudrait pas mieux le ramener avec nous, au *Verdet*? »

Tous s'étaient tournés vers Jantet. C'était à lui de décider. Il n'avait pas pensé à cela. Il hésitait.

« Si vous croyez que ça se peut! dit-il.

– Et pourquoi ça ne se pourrait pas? demanda Tiritt. On a le droit de l'emporter tant qu'il est vivant! Si tu attends qu'il soit mort, Jantet, on te le gardera! Peut-être même qu'on le jettera à la fosse commune!

– Et s'il y avait de l'espoir? dit Jantet.

– De l'espoir! fit Tiritt. Aï! mon pauvre... Il n'y a pas besoin d'être médecin pour voir où il en est! Regarde-le, tiens!... »

Ils se penchèrent une nouvelle fois sur le mourant. Sa poitrine luttait faiblement. Une mousse rose séchait aux coins de sa bouche.

« C'est cela! Emportons-le! » dit Jantet subitement.

Et, en prononçant ces mots, il lui sembla qu'il répondait à un vœu de l'oncle Antonn, qui eût sûrement choisi de mourir le visage tourné vers les étoiles.

Leur conciliabule avait rendu les porteurs méfiants. C'étaient des fonctionnaires. Ils eurent de la peine à leur faire lâcher leurs harnais. Tiritt et Castel s'attelèrent et gagnèrent la sortie, cependant que Chanou et Jantet suivaient tristement.

Près de la porte, un groupe se pressait autour du cuirassier porté l'instant d'avant.

« Mourir si bêtement! dit une voix douce de femme, au moment où Jantet passait auprès d'elle. Un si beau gars! C'est une victime aussi que voulez-vous! »

Dégrisé une seconde de sa douleur par l'humanité de ces paroles, Jantet s'arrêta et jeta un coup d'œil entre deux têtes. On avait étendu le cuirassier sous la lumière crue d'un globe électrique. Sous son armure qui eût dû le rendre invulnérable, c'était un mort impressionnant. Il portait l'écusson du 10e. On avait ramené le long de son corps ses bras où un galon brillait. Il semblait être entré dans la mort au garde-à-vous. Du mouchoir qui recouvrait son visage, une mèche de cheveux noirs émergeait.

« Il a fallu le tirer de dessous son cheval... dit un homme, exténué et s'épongeant d'un air triste. Ils ont dû s'écraser contre la barricade!

— C'est le premier rang qui a écopé! dit un autre. Les plus enragés! »

Jantet restait cloué au sol par une force irrésistible, un sentiment plus fort que la curiosité, une émotion inouïe... Il eut un regard vers ses camarades qui emportaient l'oncle Antonn, esquissa un geste qu'il jugea aussitôt vain, regarda à nouveau intensément le cadavre.

« Qui est-ce? demanda-t-il d'une voix blanche.

« – On ne sait pas encore... » dit quelqu'un.

Jantet s'éloigna de quelques pas, puis, ravagé par le besoin de savoir, il revint au milieu du groupe, joua des coudes.

A ce moment, un curieux apitoyé, ou quelque employé chargé d'identifier les victimes, s'approcha du cadavre et découvrit le visage...

Alors, il sembla à Jantet qu'on lui portait un grand coup. Il fit un écart, tourna deux ou trois fois sur lui-même avant de reprendre ses esprits. Avant de rejoindre l'oncle Antonn, qui s'acheminait lui aussi vers la mort, il regarda encore une fois avec horreur et pitié le visage dévoilé.

Son pressentiment ne l'avait pas trompé...

C'était Lambert!

XIV

Ils arrivèrent sans encombre aux portes de Narbonne. Il pouvait être une heure du matin. La maisonnette où ils avaient laissé Bijou, le matin, était éclairée. Dès la cour, un bruit de dispute leur parvint. Les fils venaient de rentrer. D'une voix haletante, ils racontaient à leur famille ce qui venait de se passer dans Narbonne. Parfois, une réflexion de la femme faisait rebondir leur colère.

« Ah! criait l'un, nous pouvions avoir confiance en Ferroul! Il nous a lâchés au moment le plus terrible! Il nous a trahis!

— Et Albert! reprenait l'autre. Il s'est caché! Il paraît qu'il est allé se fourrer dans le clocher, avec Dieu le père! Ces lâches! Si encore ça avait empêché les morts!

— Ils ont eu raison! dit la femme. Tout le monde aurait dû faire comme eux!

— Ecoute! grondait le plus ardent des deux, celui qui paraissait être le mari, tais-toi! Il vaut mieux que tu te taises... Crois-moi... Fais-nous à manger tout de suite, parce qu'on repart!

— Vous ne ferez pas ça! criait la femme.

— Dépêche-toi, on te dit! Notre place est là-bas...

Tu ne voudrais pas qu'on laisse nos morts sans vengeance! Ah! si tu avais vu, ces pauvres innocents criblés de balles! Cette jeune fille... Ce petit garçon qui était venu là comme à une fête!

— Et le grand vieux à barbe blanche! fit l'autre.

— Ah oui! le Communard! Je l'ai vu bondir au milieu des chevaux... Celui-là, il cherchait la mort! Toute la journée, il nous a entraînés... Il était partout! Quand la troupe a tiré, il est parti tout seul, un revolver à la main... Comme un qui se suicide...

— A quoi ça lui a servi! dit la femme.

— Tu sais que le 17e a refusé de marcher!... Oui... le régiment de notre fils! Tu vois, tu avais peur que les fils tirent sur leurs pères... Ils n'ont pas voulu... Ceux qui ont tiré, c'étaient des gens qui étaient payés pour ça! Ton fils a marché avec nous, du côté du peuple!

— Où doit-il être maintenant? demanda la femme.

— Où il est? Que veux-tu que je te dise? Il a levé la crosse comme les autres... Ils n'ont pas voulu tirer sur leurs pères ni sur leurs mères! Il y avait des femmes parmi nous!

— Des folles! dit la femme.

— Tais-toi! on te dit.

— Des folles sans enfants!... »

Il y eut un bruit de pas. La femme poussa un cri.

« Va-t'en! cria celui qui semblait le mari. Va-t'en! ou je fais un malheur... »

Ceux du *Verdet* s'étaient arrêtés un instant pour écouter.

« Où nous en sommes venus! » fit Castel, tristement.

Tiritt frappa à la porte. Ils entrèrent. Sans dire un mot, ils déposèrent le brancard au milieu de la pièce. Le vieux père s'essuyait les yeux avec un grand mouchoir. Ses deux fils se retournèrent. C'étaient deux vignerons noueux, encore tout hérissés et suants de la lutte. Dès qu'ils eurent reconnu l'oncle Antonn, ils saluèrent.

Maintenant, ils revenaient lentement vers *Le Verdet*. Le ciel était plein d'étoiles. Une brise tiède leur arrivait de la mer. De temps à autre, Jantet se penchait sur l'oncle Antonn, allongé au milieu de la charrette. La vie s'était retirée de ses membres et de son visage. Le cœur ne tenait plus que par un fil, mais Jantet comprenait qu'il battrait jusqu'à la dernière goutte de sang, car c'était un cœur fidèle à l'homme qui chantait :

> *Jamais un cœur bien fait*
> *Ne renonce,*
> *Parce que sa mission*
> *Est la propre mission de l'homme,*
> *Qui est de lutter!*

Tiritt tenait une de ses mains; il s'était accroupi dès le départ, le dos à la ridelle, plus abattu qu'un enfant. Castel et Chanou marchaient derrière la charrette, et, de temps à autre, ils levaient le visage vers Jantet pour l'interroger.

Un cahot acheva l'oncle Antonn. Jantet surprit son dernier soupir, un léger gémissement qui desserra ses lèvres. Il attendit un moment, puis il dit :

« Il est mort! »

Aussitôt Tiritt se dressa, et les ombres de Chanou et de Castel eurent un élan vers la charrette. Tiritt avait arrêté le cheval, puis il dit d'une voix étranglée :

« Tu en es sûr? »

Castel et Chanou montèrent à leur tour. Chanou était livide. Et Castel, tirant sa montre et l'approchant de ses yeux brouillés, dit doucement :

« Il est quatre heures cinq! »

Ils remirent Bijou en marche. Sous le ciel brasillant, la mer était d'un noir d'encre. Ils se taisaient. Jantet pensait à Nathalie, à ses enfants. Il imaginait l'arrivée, les mots qu'il prononcerait, la stupéfaction et la douleur de tous. Il pensait à Lambert. Il était le seul à savoir qu'il fût mort. Il avait décidé de ne point parler de sa fin tragique. C'était un lourd secret s'ajoutant à un autre plus lourd encore. Tout contre le cadavre de l'oncle Antonn, l'homme qu'il avait le plus aimé, qui l'avait le mieux marqué de son empreinte, il ressentait un peu de honte de tant penser à Lambert. Son souvenir le ravageait depuis des années. Et maintenant, il venait pervertir une de ses plus pures douleurs... Il le revoyait tel qu'il était, là-haut, à Evolette, dans sa jeunesse et son innocence; il ne parvenait pas à retrouver la haine qu'il lui avait inspirée... Une âcre pitié lui serrait la gorge. Il se répétait ces paroles qu'il avait entendues, là-bas, à Narbonne, ces paroles tombées d'une bouche compatissante : « C'est une victime aussi, que voulez-vous! » Et il les trouvait miséricordieuses et justes...

La nuit se dissipait lentement. L'oncle Antonn devenait plus grand encore dans la lumière. Jantet enfonça la main dans une de ses poches. Il saisit la médaille de Lambert, le dérisoire hochet sans doute destiné à lui porter bonheur, et qui l'avait si mal servi... Il le gardait encore – même depuis la terrible entrevue de Lyon –, sans trop savoir pourquoi, car toute pensée de vengeance était, depuis toujours, exclue de son cœur. Il le tint un long moment serré dans le creux de sa main.

Alors, mêlant dans sa tête endolorie tous les souvenirs de son existence, ceux de son enfance misérable, de ses parents défunts, de tante Irma assassinée, de Julie perdue, de Père Piu et des Garrouste, de Lambert et de l'oncle Antonn morts pour une cause opposée, au pied de la même barricade, des morts et des vivants, des bons et des méchants, il se sentit dominé, écrasé par le passé, vieux, exactement comme s'il venait d'arriver à la fin des illusions, au terme de la vie...

Ils passaient près de la côte. Des vagues clapotaient tout près d'eux. L'aurore du premier jour d'été rosissait doucement les lointains.

D'un geste furtif, il jeta la médaille à la mer...

DU MÊME AUTEUR

IMPRIMÉ EN FRANCE PAR BRODARD ET TAUPIN
58, rue Jean Bleuzen - Vanves - Usine de La Flèche.
LIBRAIRIE GÉNÉRALE FRANÇAISE - 14, rue de l'Ancienne-Comédie - Paris.

ISBN : 2 - 253 - 03572 - 6   ✦ 30/6000/1